邁向證悟

On the Path to Enlightenment: Heart Advice from the Great Tibetan Masters

藏密大師的心要建言

作者：馬修・李卡德（Matthieu Ricard）

雪謙文化

謹以深切的敬意和謝意，將本書獻予達隆澤楚貝瑪旺賈仁波切

（Taklung Tsetrul Pema Wangyal Rinpoche）

所謂的心（mind），是個令人十分想要探究的現象。它有時僵硬死板，抗拒任何改變，但只要持續努力轉化，藉由反思來說服自己這種變化的可能性與必要性，則它也可以變得非常靈活。為了達到這個目標，僅僅發願或祈願是不夠的，我們還得運用基於個人體驗的理解，且不應期待這種轉化能在一夕之間發生，因為我們的串習將會抗拒任何快速的解決方案。

——第十四世達賴喇嘛尊者

序言……6
導言……10

第一部：轉心向道……17

第一章：人身的重要價值……18
第二章：思量無常與死亡……31
第三章：因果律則：從種子到果實……46
第四章：受制於無明的世間，原本就令人不滿……53
第五章：斷捨苦因……62

第二部：修行的基礎……105

第六章：皈依……106
第七章：利他的慈悲……110
第八章：六度……147
第九章：清淨障蔽、積聚福德……185
第十章：上師……200

第三部：主要的修道

第三部：主要的修道……217
第十一章：了知心性……218
第十二章：隱士……245
第十三章：加深修行……259
第十四章：見、修、行……267

第四部：遣除障礙，開展修行

第四部：遣除障礙，開展修行……309
第十五章：發露過失……310
第十六章：征服心魔……371
附錄一：藏傳佛教成就傳承的八大車乘……378
附錄二：引文出處……383
附錄三：引用書目……399
附錄四：人物簡介……407
校閱者之致謝與迴向……437

序言

這些取自藏傳佛教文獻浩瀚大洋的涓滴之水，並非為了成就一本極具權威的文選所集。多年來，我有此殊榮而得以閱讀一些甚為啟發人心的文本，因此從中選錄一些義理清晰明確、作者確實可靠的內容，進而成為這本文集。

本書所引用的文章，盡可能涵攝西藏各個不同的修行傳統。有時，我發現一些資料來源特別清晰且令人耳目一新，因而加以擷取引用，尤其是那些我曾有幸得遇的大師，他們的著作圓滿代表了那些至今依然完整保存的傳統。此外，文集的內容也包括佛陀的話語，以及西藏文獻經常引用的印度佛教大師之特定法教。

由於學識有限，更不打算虛言本書的內涵有多麼詳盡，因此它充其量只是一本「小小的」文集。但是，如同一滴蜂蜜那般，儘管份量微少，卻含有整罐蜂蜜的風味，我希望這本文集能包含佛教修道的精髓，尤其是那些最為實修的面向，以便讀者可以運用生命的每個剎那而邁向證悟。

一九八一年，偉大的西藏修行大師頂果欽哲仁波切在不丹傳授《竅訣藏》（Treasury of Spiritual Instructions，藏音Gdams ngag mdzod），為期兩個月。《竅訣藏》是由十九世紀最偉大上師之一的蔣貢康楚（Jamgon Kongtrul）彙編，總共十三函，匯集了成就傳承（Accomplishment Lineage）八大車乘的口訣教導。八大車乘是在西藏發揚光大的主要佛教教派，包括寧瑪、噶當—格魯、薩迦、噶舉、香巴噶舉、時輪金剛、烏金涅竹和斷法—息法（覺—希解）八派〔參見附錄〕。

一天傍晚，在傳法結束之後，欽哲仁波切對我說：「當我們能夠領會八大教派的見地深度，並了解它們全都互不抵觸且殊途同歸時，就會知道：『只有無明，才會讓人採取分別教派的態度』。」因此，為了闡明欽哲仁波切的話語，我發願要翻譯一本集結這八大教派文本的選集。這本小小的文集多多少少實現了這個願望。

在居住東方的三十五年期間，我翻譯了這本文集中的許多內容。若有來自其他出處的文章，則註明在〈引文出處〉〔參見附錄〕。有時我會回頭參考藏文，修改初次的翻譯。

我是蓮師翻譯小組[1]（Padmakara Translation Group）的成員，根據我們的傳統，譯稿會由另一位譯者根據藏文原文來查核。本書的這個部分，是由友人克里斯坦・布亞特（Christian Bruyat）進行，他本身也負責多本譯作的潤飾。在英譯的過程中，查爾斯・哈斯汀（Charles Hastings）不僅讓譯文更加順暢易讀，還再次對照藏文原本，檢查重要段落並潤飾修改。

克莉絲・布斯奎（Carisse Busquet）、梅德琳・德因（Madeleine Trehin）、亞涅・圖梅林（Yahne Le Toumelin）和蓮師翻譯小組的其他成員，也都針對文集的初稿提出有益的建言。

我們非常感謝雜札基金會（Tsadra Foundation）贊助本書的法文譯本。

---

1 蓮師翻譯小組成立已有三十餘年，致力於正確翻譯偉大的藏傳佛教文典並加以出版，以利西方讀者閱讀。

導言

基本上，佛法是帶領人們從痛苦中解脫的一種知識，而覺醒證悟是其最終的結果。覺醒證悟是一種以正確了解實相為基礎的智慧，也是離於無明所致煩惱和障蔽的自在。佛法修行並沒有要求我們放棄生命中的美好事物，而是要放棄痛苦之因；我們常常執著於痛苦之因，甚至到了上癮的地步。因此，研習佛陀的法教，並不表示要把我們的心塞滿大量的資訊。輪迴是受到無明和痛苦制約的生命循環，我們只需要嫻熟能讓自己從輪迴解脫的特定知識即可。

佛教的修行道路有組織、有結構，也考慮到內在轉化的漸進性質。每個步驟都會自然而然地通往下一個步驟。它有如建造房屋，你不能在打地基、砌磚牆、安樑柱之前，就先鋪設屋頂。

某些特定的因素有助於這種轉化。最重要的是要了解，人人皆已具備轉化的潛能，也就是佛陀所謂的「佛性」（buddha-nature），或按照其字面來說，「普基」或「藏識」（embryo of buddhahood）。其次，我們因為遇見真實的上師而受到鼓舞啟發，進而生起熱切的決心去培養上師體現的利他心、悲心及其他必要特質；最後，為了達成真正的改變，精進不懈乃是不可或缺的要件。

在修行道上所應用的反思、禪修和心靈訓練，皆可運用於身、語、意三者，但究竟而言，我們必須轉化自心，藉以終止自己和一切有情眾生的痛苦。這就是為什麼佛陀說：

諸惡莫作，眾善奉行，自淨其意，是諸佛教。[2]

我們要從何處著手？為了真正運用一種充滿意義的方式朝轉化的道路出發，我們必須先仔細檢視自己：「我是怎麼過日子的？到目前為止，哪些向來是我優先考慮的事情？我要如何運用餘生？」當然，唯有在我們覺得改變是值得且可能的時候，這些想法才會合情合理。「我可否說，在我的生命

2中譯註：這句話的意思是：「絕不從事傷害其他有情的行為，而要從事利益一切有情的行為；徹底調伏自己的心，這就是佛陀的法教。

和周圍的世界中，沒有什麼需要改進？改變是可能的嗎？」這完全由自己來決定。

下一個問題是，我們要朝哪個方向作改變？「如果我努力去攀爬社會的階梯，而且真的能夠致富或擁有更多歡樂的話，我真的確信這些事物能帶來真正的滿足？」在這個自問目標為何的十字路口，我們需要誠實地面對自己，而不該只滿足於膚淺的回答。

佛法提供的答案是：人身極為珍貴。雖然我們時會感到失望和理想幻滅，但這不表示生活不值得過下去，只是目前我們尚未清楚認知是什麼讓生命充滿意義？

「問題不在於生命是否具有意義，而在於我們如何賦予生命意義，」達賴喇嘛說。

當我們享用所有的身體感官和頭腦智力，擁有選擇的自由，並且運用這些條件來釋放轉化內在的潛能時，極為稀有的人身就更顯珍貴了。時光正在一點一滴地耗盡，意外、疾病和不可避免的死亡往往會毫無預警地發生。因此之故，佛法特別強調精進的重要性。

印度原始佛教是藏傳佛教的根基，而這本文集是根據藏傳佛教的傳統而映襯出修行道路的不同次第。第一個次第是轉化我們的世界觀，使心轉向修行的四個思量：第一個思量是人身不可思議的潛能；第二個思量是觀察萬事萬物，尤其是生命短暫無常的本質，以激勵我們善用有限的時間；第三個思量是因果業報的法則，正如希求達成任何目標一般，如果想要終止痛苦，獲致覺醒證悟，就需要採取正確的方式。我們需要有所為和有所不為，因為每個行為都會無可避免地影響自己和外在世界。這種思量有助於我們了解行為的後果，並從中得到結論；第四個思量是輪迴的過患。輪迴是指依緣的存在，而無明與痛苦是其特徵。這四個思量能幫助我們區分哪些是行為、語言和念頭需要培養，哪些會帶來不快樂或純粹浪費時間。

偉大佛教上師的法教並非隨機隨意的處方，而是真實的指引。它們源自大師們專精且親身修道的體驗。這些大師擁有非比尋常的知識，並且清楚了解製造快樂與痛苦的機制。

在探索這四個主題之後，我們將討論「皈依」（taking refuge）的概念。皈依並非祈求超自然神祕力量的保護，而是依循能帶領我們通往覺醒證悟的法教，這些法教也是了解心與實相本質的真實知識，而正是這種知識能讓我們離於痛苦。首先，我們必須依止已然擁有且體現此種智慧的人物，而佛陀即是最佳的代表。

接著，我們要談論利他與悲心的法教，此乃修道的核心。若周遭的人持續受苦，只有你一人從痛苦中解脫，那麼這種解脫有什麼意義？這種狹隘的態度註定導致失敗，因為我們的悲喜不可避免地和他人的苦樂相連。換句話說，我們必須一起越過「痛苦的汪洋」。

在展開一段旅程之前，首先要預備所需之裝備，以便處理途中難免出現的障礙，最終才能安然抵達目的地。展開心靈的冒險也是如此，我們必須先去除那些阻止自心進化的心毒；其次，積累「福德」（merit）或「正面的能量」，為內在成長的進展提供必要的動力。

同時，我們也需要善知識，特別是具德上師的無價協助。他們能夠憑藉自身體驗和廣大慈愛的力量，孜孜不倦地提供指引。

「直指心性」是上師所能給予我們的最佳禮物，以便讓我們識得心性。一般來說，「心」或「心識」似乎是一大串與覺知（perceptions，感知）、情緒、記憶和妄想有關的念頭，但在念頭這片簾幕的背後，我們能否辨析出心的根本成分？能否看見心意活動之下的「當下淨覺」（pure awareness of the present moment）？本文集引用的偉大禪修者之語，皆有助於認清心性，掌握那些直到目前都還連綿不斷、使我們深陷迷惑狀態的念頭和情緒。

其後，誠如過往的聖哲所言，我們將了解到，若能撥出一段時間並全神貫注於內在轉化的過程是多麼的重要。

不論是暫時從世間隱退的閉關修士，或是在日常生活中追求心靈旅程的修道行者，我們將看見他們的修行內涵，以及何以兩者都必須學習更清晰地覺知世界，並對一切眾生生起不斷延伸的慈心與悲心。我們也會看到他們修持的是哪一種見、修、行，藉以為自己和其他眾生達成目標。

最後，本書也提出一些忠告，幫助行者避免落入怠惰、驕慢和失控的貪愛等等，這些是「自我」這個惡魔必然會在修道上佈下的陷阱。出於謙遜之故，這樣的忠告往往是以作者訓斥、責難自己的形式來呈現。這些告誡提供了寶貴的工具，使我們可以了無障礙地向前邁進。

並非人人皆熟悉本文集的字彙和風格，因此在每一章節的最前面，我們會用幾句開場白做為引語，為讀者和內文提供一座小小的導引橋梁。

願這些從往昔藏傳佛教聖哲繼承而來的少許寶藏，能夠使我們充分善用自己的財富，也就是人身不可思議的潛能！

第一部

轉心向道

第一章：人身的重要價值

對於想要遵循修行道路的人來說，第一個步驟是要了解人身有多麼珍貴。人人本具覺醒證悟的潛能，如果我們能夠明智地運用此一人身，就會成為獨一無二、了證此一潛能的機會。然而，我們很容易輕忽或浪費此一人身。根據佛教的說法，在輪迴所有可能的生命形態之中，能夠投生為人，有如經歷數個世紀的飢荒之後才得以享受一場盛宴那般，是非比尋常之事。

人身之所以如此珍貴，乃是因為一切眾生本具「如來藏」（梵tathagatagarbha），即成佛的本質或潛能，此乃一切有情眾生的本性。這種本性暫時受到迷惑和煩惱的障蔽，有如埋藏在我們之內的寶藏。修持佛教道路或佛法的目的在於移除障蔽。我們不是在試圖「製造」成佛的狀態，而是純粹地揭露本具的事物，我們無法增減此一本性，因為它是心的基礎。在通往證悟道上所得的功德特質，並非虛構捏造而來。它們映現出我們的自性逐漸地再度甦醒，如同覆蓋於泥土下的寶石，在清除泥土的過程中，漸漸顯露其明亮光燦。[3]

水手若擁有船隻，就應橫渡汪洋；將軍若擁有軍隊，就該擊退敵人；窮人若在所及之處，就該去擠滿願牛（cow of plenty）[4]之乳；欲求遠行的旅人若擁有駿馬，就該追求旅程。至於你，此時此刻擁有珍貴的人身，並從體現三世諸佛[5]的上師處領受了教導，就應該懷著喜悅和熱忱，行走於無上佛法的偉大道路，更加趨近證悟解脫的究竟目標。

雪謙嘉察

我們此刻就擁有珍貴的人身，並且因此而遇見了真實的上師，領受甚深的法教，踏上通往解脫的道路。然而，如果我們像前往覆滿寶藏的島嶼卻

3 有些佛教學者對此見解稍微不同，他們認為如來藏或佛性並非完全呈現在每個眾生之內，而是需要透過修道才能開展，如同種子成熟到最後結成果實。在此，果實指的是成佛。

4 在佛教神話學裡稱為「永不竭盡的牛乳房」，是豐饒的象徵，願望的實現。

5 過去、現在、未來之佛。根據大乘佛教的說法，有一千零一位佛陀在此賢劫曾經顯現，或將顯現。「劫」（kalpa）代表一個特定宇宙的期間。據說，大約出生於二千五百年前的釋迦牟尼佛，為賢劫千佛的第四位。

空手而返的探險者那般，只享受價值難以估算的人生，卻沒有帶回無上佛法的珍寶，我們的旅程將變得毫無意義。如果我們困在日常活動之中，忽略那些能夠使我們解脫的教導，那麼即使擁有無價的人身，也將一無所獲。

要落實佛陀的法教，也就是佛法，主要在於自心。心有賴於身，而身心兩者之間的關係鮮少完美。如果你夠幸運，沒有身心疾病的侵擾，也沒有受人奴役的束縛，同時享有從事修行所必須的一切閒暇自由，那就該把握機會，不要延遲，全心投入於無上的修道。

頂果欽哲仁波切

試問，在這個星球的數十億居民當中，有多少人了解生而為人的稀有難得？[6]在這群人之中，有多少人想到運用這個機會來修持佛法？其中有多少人已真正開始修行？而在這些開始修行的人之中，有多少人持續修行？在這些持續修行的人裡，有多少人證得究竟了悟？相較於你在清朗夜空所見的星辰數量，證得究竟了悟的人數，有如破曉之際的星辰數量那般稀少。

我們必須生而為人，因為這是唯一具有足夠痛苦、讓我們急於脫離輪迴的存在狀態，但痛苦沒有多到我們無法透過修持佛法來獲得解脫的機會。

如果不善用此一珍貴人身，我們只會像滾下山坡的石子一般向下沈淪。

蔣貢康楚羅卓泰耶

因為牛奶含有乳脂，才可能從中提煉奶油。沒有人曾經攪拌水而製造出奶油。探礦者在岩石中尋找黃金，而非在木屑中。同樣的，因為每個眾生皆有佛性，所以追求圓滿的覺醒證悟才有道理、有意義；若沒有佛性，一切努力皆屬枉然。

雪謙嘉察

你也許會問：「如果我擁有佛性，為什麼我無法立刻覺知它？」這有如黃金隱藏在礦層裡，佛性也被我們從無法追憶的時期以來所積聚的串習掩藏。心毒創造了這些串習，而煩惱製造的行為又強化鞏固了這些串習。《法界讚》（The Praise of the Ultimate Dimension）[7]說道：「藍寶石的明亮光

---

6 作者的意思是，即使數十億人口的數量看來極為衆多，但也只佔六道輪迴有情衆生的極小部分。相較於所有其他的可能性，人身顯得極為稀有難得。

7《法界讚》，梵文dharmadhatustava，藏文chos dbyings bstod pa，龍樹的著作。

燦一直都在那裡，隨時準備散放光芒，但當藍寶石還崁在岩礦中的時候，就不會發光發亮。法界（the ultimate dimension）無垢無染、完美無瑕，但仍然埋藏在迷惑的厚重帷幕之下，它的明燦無法在充滿痛苦的輪迴世界展現，只有在超越痛苦的涅槃狀態中才能彰顯。」

你可能也會納悶，一切眾生，甚至包括豬狗在內，其心識深處是否都擁有諸如十力（ten strengths）等眾多成佛的特質？事實上，一切有情眾生的成佛潛能本自具足。心識的本質及其特質如同火與熱那般無可分離，只是這些特質尚未展現而已。如同劍尚未出鞘時，我們無法看見其鋒利的一面，或置於黑暗中的鏡子，無法映現出形狀和顏色。

心識本自具有覺醒證悟的特質，但也可能長時間保持隱匿的狀態。心的究竟本質，也就是具有無上覺醒證悟功德的空性，一直存在我們之內，若未能加以認識、熟悉，它就會繼續處於蟄伏的狀態。只在智識上了解心性是不夠的，我們必須去除遮蔽它的蓋障，而最佳的方式便是生起菩提心或覺醒證悟之心，也就是為了利益一切眾生而覺醒證悟的無上發心。此為獲致真正證悟或真正成佛的唯一途徑。

吉美欽哲仁波切：給編織籃子者的忠告

雖然有人說，他們的生活了無目的，但肯定至少有一個目的：他們像一切眾生那樣，都想要得到快樂。這種感受是基本且重要的徵兆，表示我們內在擁有一種潛能，一種尚待開發的富裕。沒有人真的想要痛苦，即使受虐狂說他喜歡受苦，那也只是因為受虐能為他帶來愉悅的感受。

為摯愛的人擔負責任是難能可貴的情操，但我們也有能力敞開自心，承擔起無量眾生的責任。若我們能把深切的溫柔延及一切眾生，為何還要把它侷限在幾個人身上？再者，出於對親友的敬重，我們應該提供一些真正有益、於死時能引以為傲的事物。舉例來說，帶他們乘坐遊輪旅行，不足以讓他們得到快樂。坐遊輪究竟能帶來多大的助益？如果他們遇到困難，坐遊輪可能帶來暫時的娛樂，但在大多數的情況下，不論你帶他們去什麼地方，他們都會把問題帶著走。如果他們傷心、男朋友或女朋友棄他們而去、或某人惹他們生氣，他們只會在遊輪上一再吐苦水。遊程結束時，問題依舊存在。其實我們有更好的方式來幫助周遭的人。

想想看，我們想要留給孩子什麼？留下比自己真實的面貌還要美好的形象？但這有什麼意義？或留下一些財產？這等於是留給他們一大堆問題。

在我們離世後，他們會為了遺產而發生口角；即使在我們還在世的時候分配財富，仍然會有一些子女會認為自己受到不公平的待遇，而對其他手足獲得的財物感到羡慕或嫉妒。其實，他們可以透過別種方式來獲得物質上的舒適滿足，例如工作。至於我們的存在呢？不論喜歡與否，在死亡之際，我們都將與其分離。在那個時候，悲傷既對他們沒有任何好處，也不會讓我們起死回生。

但我們可以為他們留下啟發和充滿意義的願景，以便在生命的每個時刻賦予他們信心。當然，若要這麼做，就需要培養一些信心來發展內在的篤定。顯而易見的，這種感受只源自內心，因此現在正是採取行動的時機。

從出生以來，我們都恣行放縱自己的心，像個被寵壞的孩子。我們必須承認，這沒有帶來任何正面的結果。掌握自心是不可或缺的事情，即使每天只花一點時間來控制自心，也值得去做。

因此，我們最好再次思量，運用常識。如果讓這個心虐待我們，使我們痛苦度日，也讓周遭的人痛苦，這就是欠缺常識的徵兆。來自困擾之心的念頭和話語，被視為「負面」。與其抱怨命運不公，如果我們能生起利他心和大悲心，這種心的「正面」狀態將提升自己和他人的幸福安樂，從而顯示出我們確實擁有常識。

我們現在擁有潛在的不安感，其實是件好事；這是覺察敏銳的表現。那些對安逸度日從不感到厭惡的人，其實是了無覺察的。由覺察所生的不安感受，讓我們保有轉化的巨大潛能。它是可用雙手掌握的能量寶庫，可用來構築更美好的事物。漠不關心不會帶來任何結果。

如果你認為全世界的人都與你為敵，那麼想像自己是個編織籃子的工人，面前擺滿了蘆葦；你必須運用正確的方法來編籃子。同樣的，在面對挑戰時，你必須編織一只內在的籃子，大到足以容納生命的所有起伏，而不會被它們擊垮。簡而言之，你需要明智地照顧自心。

敏林大伏藏師局美多傑：為緩解烏巴隆（Ukpa Lung[8]）國度索南佩準（Sonam Paldron）尊女所致之苦而做的忠告

南摩咕嚕惹那雅（Namo guru ratnaya）！

8 中譯註：前譯派的早期著名寺院，由素爾欽．釋迦炯內所建。

禮敬諸上師與諸三寶[9]！

與至善上師之心緊密合一，
乞求上師
吾人之心
降下加持之雨，
如此得使所有痛苦的緣境，
任運解脫於大樂之中。
快樂與痛苦、貪愛與憎恨，
種種交錯的念頭，
只不過是明光空性和心的
戲耍[10]。
對任何生起的事物不作修整，
如此看著它們的本質，
你便可覺知其為大樂。

在你依然擁有此人身之際，
當全心全意修持無上佛法。
尚待完成的千事千物永無止境，
皆是令人分心散亂的無用之事，不具實體。
你應當徹底加以放棄！

當你征服了一位對手，
還會有千位尚待征服。
與其如此，你應摧毀的是負面情緒[11]，
也就是那些住在你心中的敵人。

家人和朋友或許相處融洽，

---

9 三寶是指：佛陀（佛）、佛陀的法教（法），以及修行者所組成的社群（僧）。

10 如在以下其他文章所解釋的，這是指心並非真實存在的本體。然而，心亦非空白虛無，它還具有心識的「明光」特質。

11 這是指貪、瞋、癡、慢、妒，也就是煩惱（藏nyon mongs；梵klesha）。這些心理狀態來自對於自心和現象界之本性的根本無明。它們讓心困擾，也是導致痛苦的負面行為之源。

卻也容易出現裂痕。
他們是我們今生摯愛之人，
但也是痛苦折磨之因。

你或許得以致富，
但將難以滿足。
斬斷貪婪之結，
才是真正要務。

當你受到所信賴者背叛時，
且讓你的心依止始終如一的三寶！

當你失去愛子而陷入絕望，
要清楚了解痛苦哀傷的究竟本質，
且讓你的心自在、開放，
安住於無可言詮的明光空性之中。

對六道輪迴眾生懷著貪執與瞋恨，
實在荒謬。
他們都曾是我們的雙親。
應了悟眾皆同一平等，
這本身豈非一大解脫、一大安樂？

所有快樂或不快樂的情況，
皆是心性，了無心之造作，
如同彩虹並不會改變天空。
了無執著地放下一切於廣大虛空之中！

雪謙嘉察

當溫度、水分和肥沃的土壤都具足時，要盡可能地播種；在發現金礦或銀礦時，要竭盡所能地開採；作物在秋天成熟之際，要全力以赴地收割；在險路上擁有護衛陪伴時，就會感到精神百倍；在擁有勞工和助手時，就能完成任務。現在你擁有珍貴人身，離於一切障礙，具足所有順緣，就要堅定不移地努力修行！

仔細想想，其實你沒有時間睡覺，甚至沒有時間停下來喘口氣，你應該要不間斷地修行。不論你做什麼，包括行走、飲食、坐臥等等，都要放棄怠惰懶散、好逸惡勞、無動於衷、粗心大意和分心散亂。掌控那些使你拒絕改變任何身、語、意的串習，甚至在最微不足道的活動中，都使你拒絕作出任何改變的串習。一旦你踏上解脫道，就不宜用尋常的方式來行止，而應該時時懷著警戒和明晰來觀察自心。如果你做出負面的行為，就要懺悔且立誓永不再犯。如果你沒有做出任何負面的行為，則可為此感到欣喜。

不論是否為座上修行，都要像飢腸轆轆的人準備吞下任何食物那般熱切地投入修行。甚至連最單純的善行，也要小心謹慎而不加忽略，同時不忘萬事萬物的虛幻本質，如此行走在福慧雙修、使勝者們欣喜的資糧道上，並且鼓勵他人也這麼做。日以繼夜地全心修持法教，沿著修道前往安樂的來生，乃是賦予人生真正意義的方式。

第二章：思量無常與死亡

無論你是否採取行動，死亡不會因而為你等待。——寂天菩薩

生命的每個時刻都具有極大的價值，然而，我們卻任憑時間像金沙流過指間那般地消逝，有什麼比空手結束人生還更令人悲傷？我們必須覺察生命分分秒秒的無價與珍貴，並且擁有下定決心的聰明才智，以便為了自己和其他眾生的利益而淋漓盡致地善用人生。首先，我們必須去除「有一整個人生鋪展在我們前面」的幻覺。今生消逝如夢，而這場夢境隨時都會中斷。我們應該照料真正重要的事物，不要再作延遲，如此到了死亡之際，才不會充滿悔恨。培養內在的特質，永遠不會嫌早。

我們可以透過兩種方式來認識萬事萬物的無常本質：一是粗重的無常（gross impermanence），例如：季節變換、山巒沖蝕、身體衰老、情緒的波動起伏；二是細微的無常（subtle impermanence），這種無常發生在你

所可想像的最小時間單位之內。在每個極為短暫的剎那之中，所有看似真實存在的事物都勢不可擋地在改變。正是因為這種細微的無常，佛教把世界比喻為夢境、虛幻，一種無從支配的恆常變動。

修行者應該時時憶念死亡。然而，這種念頭不該令人感到毛骨悚然或鬱鬱寡歡，反而應該鼓勵行者善用生命的分分秒秒，完成渴望追求的內在轉化。我們傾向說：「我要先照料眼前的事務，完成所有的計畫。當這一切都完成了，我就能夠致力於修行。」這種想法是最糟糕的自欺，因為不只死亡的降臨無可避免，包括死亡的時機、致死的情境也都完全無法預測。所有日常生活的狀況，甚至連行走、飲食和睡眠等簡單的動作，都有可能突然轉變為死因。嚴謹認真的修行者應該時時將此謹記在心。在西藏，於晨間生火的隱士訓練自己如此思惟：自己隔天可能無法再度於該處生火。他們甚至會思忖，在每次呼氣之後能再度吸氣，是件幸運的事情。死亡與無常的念頭，每天都在鞭策、鼓勵他們修行。

龍樹菩薩

此生危險重重，

不比溪流中因風吹起的泡沫持久。
能夠再次呼吸，
並於入睡後，煥然一新地醒來，
是多麼不可思議。

蓮花生大士

如河川狂奔入海，
如日月掠過西山，
如日日夜夜、時時分分的消逝，
生命無可阻擋地流逝。

頂果欽哲仁波切

每件事物都無可避免地越來越接近消散的盡頭，生命也是如此，有如一盞即將燃盡的油燈。如果你認為可以先完成所有的工作，然後退休，用後半輩子來修持佛法，這是個愚蠢的想法。你有辦法確定自己會那麼長壽嗎？難道死亡不會像降臨在老人身上那般，降臨在年輕人身上？因此，不論你做什麼，都要憶念死亡，把心專注於佛法之上。

通緝犯從無片刻的寧靜，他得時時保持警覺，迫切地策劃千個計謀以逃脫責罰。你絕對不會看到他在替未來的房屋畫藍圖。當死亡的威脅隨時都會降臨時，你怎麼可以休息？從此刻起，修持佛法必須是你唯一的依靠。除此之外，沒有別的方法可以把死亡轉變為討喜的事物。

萬事萬物皆有其時。農人知道什麼時候要犁田、播種和收割，從來不會耽擱該做的工作。此時，你五根具足且得遇上師，並領受其教導，你要讓解脫之田就此荒廢嗎？

在思考未來時，大多數人會訂定許多計畫，但他們所規劃的未來，只是今生數個寒暑而已。這極為短視。在未來的生世，我們還有漫漫長路要走。死亡只是一個門檻，我們必須獨自跨過，而對上師、三寶和修行的信心，便是唯一的助力。在死亡時，親戚、朋友、權力、財富和我們習慣依靠的其他事物根本無法伴隨。因此，如果你現在還把人生浪費在永無止境的瑣事上，到了臨終之際，你肯定會懊悔哭泣、極度焦躁，如同入獄的小偷焦慮不安地臆測他所要面對的懲處。

或許有人衣食住樣樣缺乏，但如果內心充滿對上師和三寶的信心，就必然能充滿喜悅、信心滿滿地面對生活和死亡。

蓮花生大士

今生如秋日雲朵，瞬間即逝；
親朋好友如市集過客；
死亡之魔如黃昏的陰影步步逼近；
未來如濁水之魚，混沌不明；
人生經歷如昨夜之夢；
感官歡悅如虛構之宴；
毫無意義的活動，
則如水面重疊的波浪。

頂果欽哲仁波切

沒有什麼事物是靜止不動的；萬物時時刻刻都在改變。在春天，種子發芽；夏天，春芽長出葉子、莖枝和花朵；秋天，穀子成熟，稻作收割；冬天，大地再度為孕育明年的作物而準備。如月亮的盈虧一般，天地萬物不停變化。中午時分，我們可能看見上千人海在露天廣場又唱又跳，到了黃昏，整個地方卻變得空蕩無聲；在此同時，每位狂歡者都不知不覺地朝死亡又接近了幾小時。

雪謙嘉察

在稍縱即逝的幻相之雲中，
如閃電一般的生命舞蹈著。
豈敢說自己明天不會死去？
故而，你應當要修持佛法。

貢唐滇貝種美

藍綠色跳躍舞蹈之水，
其波浪呢喃不息。
若受困於冬季冰凍的牢籠中，
便有如悶聲哭喊呼救的女孩。

喜悅的花田群蜂飛鳴，
當秋天晨霜襲擊，
就變成猶如鬼魅的荒蕪平原，
在冰雹猛攻之前，痛苦哀號。

日夜這兩隻白黑老鼠，
輪流啃噬著生命的脆弱稻草。
於每個剎那，
我們也更接近死亡這號敵人。

當年邁的雙親哀悼早逝之子，
他們如弓的身軀顫動，
頭髮白如海螺，
誰能保證老者必先逝？

滇尼林巴：觀修無常

想像你在一處不知名的地方，不知何去何從。坐南朝北、岩石散佈的陰鬱河谷，黑色的土壤上滿是紅色的廢墟。你不見人跡，卻聽到瀑布從黑暗多石的山巒傾瀉而下，發出震耳欲聾的聲響。碎石累累的山坡上，風在灌木叢間呼呼作響，野獸爭奪牠們撕碎的屍體；豺狼的嚎叫聲混雜了烏鴉和貓頭鷹的啼叫聲。嶙峋的山峰劃破天際，風聲時時呼嘯而過，太陽即將下山，而夜幕已是低垂。

此時，你迷路了，身邊沒有同伴或嚮導，不知所措，你絕望地深深哀嘆：「真是慘啊，這是哪裡？我迷路了。孩子、父母、財產、家鄉，你們在哪裡？這下可糟糕了！」

在憂心如焚、心神錯亂之下，你開始行走，但很快地，你跌下深谷。在跌落的瞬間，你的右手抓住一大把從岩石長出的小草；你懸在半空中發抖，拼命緊抓著小草不放。下方，你看見的就只有無底深淵；上方，就只是那座高聳入天、有如光滑鏡面的巨大懸崖。風兒鞭打著你的耳朵。在那簇草的右邊，一隻白老鼠從岩壁的縫隙出來，咬下一小塊草，啣著走開；左邊，一隻黑老鼠在啃下一小片草之後就消失了。接著，兩隻老鼠輪流不斷地出現、蝍草、消失，那簇草變得越來越少。[12]

你無法阻止牠們，並且害怕死亡，因此你哀嚎：「嗚呼哀哉！我的大限已至！」然而此時，沒有誰聽得到你的哭喊求助。「從前，我不認為自己會死，忽視了佛法的修持，沒想到這麼快就遇見死亡，且倏然地出現眼前。我今後再也無法看見孩子、朋友、財物或家鄉了。我曾一心只想要累積財富，卻從不費心於積聚善德。現在，我只能把一切留在身後，獨自前往未知的目的地。好恐怖啊！我要如何才能逃脫這個困境？我可有一絲一毫脫身的機會？」

此時，上師在天空出現，端坐於一朵蓮花和月輪上，有六種骨飾莊嚴其身，他搖動著鈴和小鼓[13]，威嚴地在虛空中舞蹈。

「不安的人啊！」他大喊道：「你受制於一切事物的無常而將很快死去。季節更迭，所有眾生、朋友、敵人等等都會衰老，最終死亡。甚至連年

12白、黑兩隻老鼠代表著日、夜交替。我們的生命在日夜交替之間就此消逝。

13這些物品是象徵符號，用來在視覺上提醒弟子某些特定的功德：蓮花（出污泥而不染），象徵雖於此凡俗世界卻不受其過患影響；月輪代表悲心；六種骨飾象徵六波羅蜜多；鈴代表智慧；小鼓代表大樂。

輕小伙子也會隨著日月，一點一滴地衰老。我們無法延遲死亡，但如果你認為自己還存有一絲絲機會，就請檢視你目前的處境，事不宜遲地立即生起熱切的虔敬心，恭敬聽從上師的話語！」

聽完這些話語之後，你哭喊道：「哀哉！我身處死亡的邊緣，非常懊悔自己過去未曾修心。不論是生是死，我全心信任上師和三寶；他們充滿悲心，願他們使我從輪迴的深淵解脫！喔，體現三寶於一身的上師啊，我把自己託付予您！」

當你懷著強烈的虔敬心，從內心深處祈請上師時，一道光芒從他心間射出，觸及了你的心。在此同時，緊繫你性命的那簇草從你手中鬆開，光芒把你從懸崖拉起，你發現自己置身於極樂淨土；無量的光芒從你心間流出，無一例外地引導輪迴三界所有眾生皆前往同一淨土。

如此觀修，並生起強烈的悲心。

釋迦牟尼佛

如流星、如海市蜃樓、如火焰，
如幻象、如露珠、如水沫，

如夢境、如閃電、如雲朵，
一切和合事物都應當如此觀待。[14]

第七世達賴喇嘛格桑嘉措

當時機到來，
要扛著生命重擔跨過死亡門檻時，
我們既帶不走親戚、朋友和僕人，
也帶不走財物。
執著心乃俱生心[15]：
應當放下執著。

14中譯註：語出《金剛經》：「一切有為法，如夢幻泡影，如露亦如電，應作如是觀。」

15中譯註：原意應為「執著心是與生俱來的」。這裡所用的英文（instinctual mind）在藏文的意思為「一同的、天賦的、與生俱來的」，相對於「後天習得的」；另請讀者注意，此處所指並非「俱生智」。

果然巴索南嘉稱

身之無常如春天裡的薄霧；
心之無實如無一物的天空；
念之無基如虛空中的微風。
應當一再思量這三個要點。

岡波巴

一開始，你應該如逃離陷阱的鹿，被生死的恐懼追逐；到了中途，你要如已然用心照料田地的農人，即使此刻死亡也了無悔恨；最後，你應該如完成極大任務的人那般感到安樂。

最重要的是要知道，就像被箭射中要害那般，你根本沒有時間可以浪費。

密勒日巴

由於恐懼死亡，我前往山岳林間。
藉由觀修死亡的不知何時降臨，

我征服了無有變異的無死堡壘。
此刻，我對死亡的恐懼早已消失！

吉美林巴

飽受暑熱之苦的眾生，
在秋日清朗的月光下發出歡嘆。
他們從不思及也未曾有所警覺，
生命就此消逝了百日。

巴楚仁波切

～這個關於巴楚仁波切的故事，來自紐殊堪仁波切的口述，並由作者記錄。

有一天，十九世紀著名的流浪閉關修士巴楚仁波切在朋友貝瑪多傑（Pema Dorje）的陪伴下，決定前往噶陀寺（monastery of Kathok）。他沿著黑湖（Black Lake，可能是錯那湖）的湖岸緩慢前行，抵達沖果宗（Rampart of Thromgo）的冰河，然後到了一座聖山。這座山有一側全都是斷崖峭壁，稱為惡狠岩石之后（Queen of the Fierce Rock，可能是墨爾多神山）。

在那片荒涼但充滿加持力的山坡上，住著一位名叫卻英讓卓（Choying Rangdrol）的偉大禪修者，他大半輩子都在閉關修持；雖然書讀得不多，卻已達至大圓滿修道（contemplative path of the Great Perfection）的最後次第。他身上只穿著一件領子和褶邊都裡外縫反的束腰寬鬆外衣，外面則罩著一片破舊的羊皮來保暖。他從未遠行，日日夜夜皆坐在蒲團上，處於甚深的禪定之中。

巴楚仁波切在抵達之際，對著這位閉關修士做了三次大禮拜，請求他根據噶陀寺祖師的修行傳承來傳授《明界金剛藏》（Essence of Luminous Space，或譯為《龍薩金剛藏》）的法教。

第一天，卻英讓卓雙手合十而置於胸前，念誦該法教中的幾句偈子，然後將第一個偈子慢慢覆誦三次：

「嗚呼！能讓我們了證菩提的閒暇與圓滿，實在難以具足。」眼淚從他的臉頰滑落，巴楚仁波切也隨之低泣。然後，卻英讓卓保持沈默了片刻。這就是當天的開示。

隔天，卻英讓卓用相同的方式傳法，不過沒有使用法本，而是取自個人的體驗。他說道：

「眾生的生命如同山間瀑布般匆匆逝去！」

他再度雙手合十，雙眼垂淚，一會兒之後才繼續說道：

「切勿浪費你已然獲得的閒暇與圓滿；切勿虛耗光陰。」

此時，貝瑪多傑自言自語地說：「多麼不可思議啊！看看巴楚仁波切這樣一位圓滿通曉一切法教的大師，卻在領受如此基本的法教！然而，僅僅提及人身之難得，大師和弟子兩人便都開始哭泣，真是令人難以置信！」

第三章：因果律則：從種子到果實

在做出任何行為之後，不論那是什麼樣的行為，我們都可以預期它遲早會帶來後果。因此，如果我們想克服痛苦，就要從事特定行為（善行），避免其他行為（惡行），這乃是合情合理的做法。因果律則是佛陀法教的基礎。佛陀說：

諸惡莫作，眾善奉行，自淨其意，是諸佛教。

一切現象皆從無窮無盡、時時變化的因緣結合而來。當陽光遇到一小片雨水，彩虹就出現了。若促成彩虹形成的其中一個因素消失，彩虹便無法存在。現象也是如此，它只是透過相互依存之緣而生起，欠缺獨立且永久的存在。

現象於不斷變化和創造的過程中彼此影響，沒有什麼是任意生起的，這就是絕無寬容、不可阻擋的因果律則（業報不爽）。

業（**karma**）指的是行為和行為的結果，它是因果律則的特定面向，並且決定我們的快樂和痛苦。換句話說，現在的經歷乃是過去行為的結果，我們則是自己未來生世的建築師。

從這個觀點來看，我們的命運並非取決於「天意」等外力，而是行為的結果。種瓜得瓜、種豆得豆，除了自身行為的力量之外，沒有什麼人、事、物能強迫任何眾生以特定的方式投生。

「行為」不單指身體的行為，也包括言語和念頭，並且涵蓋任何善、不善不惡或惡的行為，而這裡所說的善惡並非絕對的價值。某個行為之所以被視為善或惡，取決於該行為背後是利他或惡毒的發心，以及該行為所產生的結果。我們在生命的每個剎那收割過去行為的後果，並且透過剛剛製造出來的念頭、言語和行為而形塑未來。它們如同種子，一旦播下，將會產生利或弊的相應果實。

就此觀點而言，他人對我們造成的傷害、疾病或天災等痛苦，看起來似乎不是我們的責任；它們既非出於上帝的旨意，亦非無可避免的天命，也非純屬機率。究竟而言，它們源自我們的行為。對西方人士來說，這種想法或許令人感到困惑不安，尤其是把這種想法套用在受苦的無辜者，或面對一連串悲劇、卻是個徹頭徹尾的大好人身上時，就更令人難以招架。根據佛教的說法，我們必須了解，每個眾生都是因緣和合、過去播下之善惡種子的結果。在生命的過程中，多重因素的組合在各自的時間內逐漸開展；單單覺察這一點，就能夠使我們對自己的態度擔負起更多的責任。舉例來說，當不開心的事情發生時，這種了解會使我們不怪罪他人。

對於降臨在我們身上的事情不抱怨、不對抗，這並非聽天由命。不論面臨什麼困境，我們總是可以善處逆境，隨遇而安。若想為未來的安樂奠定基礎，就要停止製造痛苦，決定何者當為，何者不當為。

當我們了解惡行是自己和他人的痛苦來源，善行是安樂的泉源時，就能夠以明辨力來選擇行為的方式。話說：「如果有人把手放在火裡，就沒有理由希望自己不被灼傷。」總之，降臨在我們身上的一切，全是因果律則之故，我們並非在領受「獎賞」或「處罰」。

寂天菩薩

眾生渴望解脫悲苦，

但他們急著捕捉的卻是悲苦。
渴望喜悅，但於己身無明之中，
摧毀安樂卻有如摧毀仇敵一般。16

傑尊明究巴準

如果想要徹底從痛苦中解脫，那麼分辨何者當為、何者不當為就是要務，因為你不能期望自己可品嘗未曾從事的善行之果，也無法逃避自己犯下的惡行之果。死亡之後，你將沿著善行和惡行留下的軌跡前進。此時，你要在兩條道路之間抉擇，一條往上、一條往下。切勿違背你最深的願望來行事。你應當修持所有可能的善行，即便是最微不足道的善行亦然。人們不是說聚沙成塔、積少成多嗎？善行是一切美好特質之源，要把它當作無上的對治解藥。

切勿從事任何的惡行，即便是最微不足道的惡行亦然。正如星火可以燎原而快速燒毀如山之高的乾草，發一頓怒氣將會摧毀如山之高的功德。避

16中譯註：《入菩薩行論》「眾生欲除苦，奈何苦更增。愚人雖求樂，毀樂如滅仇」，如石法師譯。

免任何如毒藥般的有害行為，並了解惡行乃一切痛苦之因，同時把不善不惡（無記業，或中性）[17]的行為轉化為善行。

最後，如果你了解到，甚至連善業都像其他一切事物那般欠缺究竟實相，這種觀念也將幫助你脫離輪迴。正如收割稻穀時，也會連同收割到稻草或麥稈，你將了知暫時的安樂和究竟的解脫。因此，你怎能不精進修持！

頂果欽哲仁波切

蓮花生大士說：

即使我的見地比天還高，

我對自己行為及其結果的關注則比麵粉還細。

當你對一切現象空性的了證變得如虛空般廣大時，你對因果律則的信心也會等倍增長。你將覺察行為的真正重要性。事實上，世俗諦（relative truth）和勝義諦（absolute truth）無二無別。對一切事物空性的甚深了證，從未使任何人相信善業不會創造安樂，惡業不會引起痛苦。

第十四世達賴喇嘛丹增嘉措

心柔軟可塑，並且具有改變的能力。因此，我們需要學習如何轉化自心，辨識有哪些方法可以達到這種轉化，並付諸行動。輪迴和超越輪迴的涅槃狀態，不是兩個相距遙遠的地理位置，而是心的兩個狀態。輪迴是一種偏離智慧、扭曲實相的看法，它使心成為負面情緒的奴隸；涅槃則是內在解脫自在的狀態，離於任何概念和情緒的障礙。

天地萬物，包括涅槃在內，都從因緣而生。為了尋找安樂，我們必須對心性和世界的本質具有正見；若對心性存有邪見（錯誤的見解），便無法轉化自心，獲致解脫。所謂的「正見」，不是對特定教條的信心或信仰，而是一種經過徹底檢視實相所獲的清晰見解。相信事物獨立存在的信念，乃是我們對世界產生扭曲看法的根源，而這種檢視能駁斥這種信念，並且以正念取而代之。

17無記業本身非善、非惡，例如：清洗、行走、更衣等等的行為，但如果在從事這些行為時懷有善念，就能夠把它們轉化為善業。舉例來說，在清洗時，可以想像我們正在洗淨自己和一切眾生的惡業。

具有正念，意味著我們認識到成佛的本質即是自心本性，也就是我們的根本能知（fundamental cognitive ability），而它光明[18]、清淨，了無迷惑和錯亂。具有正念，也表示辨認出那些阻止自己覺知此種心性的因素，以便能進而清除之。

甘珠爾仁波切

一小搓鹽巴雖可改變少量水的味道，但無法改變恆河這類大河的味道；同樣的，小小的負面行為雖能對善行微弱的人造成傷害，卻無法傷害經常廣大行善的人。因此，我們應當努力再三地從事那些效益強大的善行。

18在此，明光（luminous）是指心識未受到無明和心意造作所障蔽時的明晰本質。

第四章：受制於無明的世間，原本就令人不滿

一般來說，我們所謂的「快樂」乃是痛苦的來源。我們可能渴望財富、權勢和榮耀，或汲汲營營地追求歡樂，認為這些事物將帶來快樂。在日常生活中，我們把事物視為「可喜的」或「討厭的」，把人視為「好的」或「壞的」，並且相信那些特質或缺點是本具的。所謂的「我」，這個體驗一切的人，似乎真實且具體；然而，在事物顯現的樣貌及其真實的面貌之間，卻有著極大的差異。

我們把短暫的現象看成持續存在的事物，把心之造作視為堅實可靠，但我們視為獨立自主的本體，其實是一個無窮無限、時時變化的緣起網絡。這種錯謬導致了執著與排拒等力量強大的反射作用，進而引起挫折與痛苦。

佛陀在初轉法輪時談及著名的「四聖諦」：苦諦（痛苦之真諦），痛苦無可避免地瀰漫於受無明制約的世界之中；集諦（苦因之真諦），例如：心的迷惑、負面情緒、行為及其不可避免之結果（或業）；滅諦（止息之真

諦），終止痛苦是可能的；道諦，通往止息的道路。「痛苦」（suffering）是個廣義的辭彙，包含所有形式的不滿和痛苦經驗，例如：生、老、病、死、遭遇敵人、失去所愛等等。

佛陀將痛苦區分為：一，有形的痛苦（苦苦）；二，改變的痛苦（壞苦）；三，普世的痛苦（行苦），是指一切現象本具之苦。所有的現象都是由暫時聚合的元素所構成，其本質為無常。苦苦隨處可見，如：疾病、死亡、戰爭、天災等等。壞苦是潛藏在各種歡樂之內的痛苦，這些歡樂看似長久，但遲早都會轉變為相反的事物。稍縱即逝的歡樂經歷有賴於緣境、特定的地點或時刻，其本質為不安定，而由它所引發的感覺會迅速變成中性（無記），甚或令人不悅。同樣的，當這種歡樂的經歷一再重複，就可能變得枯燥乏味，甚至令人反感。品嘗美味的食物是真正歡悅的來源之一，然而在吃飽後，我們對食物就感到興趣缺缺；如果繼續吃下去，則會覺得厭膩。

如同蠟燭燃盡一般，歡樂也會使用殆盡。歡樂幾乎總是與某種活動有關，並且因一再重複而自然產生疲乏之。聆聽美妙的音樂需要集中注意力，但我們的注意力是那麼薄弱，沒辦法無限期維持下去；如果我們被迫好幾天都要聽音樂，終將難以忍受。這類痛苦會在生命的任何時刻發生，但我們從未這麼想。我們著迷於表象的虛幻，忘了眾生和萬事萬物時時都在改變。

最後，行苦是三苦中最難覺察的，因為它與心的盲目伴隨伴生，只要受到無明和我執的管控，行苦就會自行延續下去。行苦源自我們尚未理解到要如何避苦。與行苦相關的迷惑和串習，使我們一再重蹈覆轍。為了驅除這種痛苦，我們必須從無明的睡眠中覺醒，了解痛苦與快樂的機制。

第十四世達賴喇嘛丹增嘉措

痛苦有兩種：由疾病、飢餓和其他超乎我們控制範圍的問題所引起的肉體痛苦，以及恐懼、悲傷等等的心理痛苦。在許多情況下，我們可以透過心的力量來忍受或克服肉體的痛苦，但在面對心理的痛苦時，便無法只從身體下手來舒緩心理的痛苦。終究而言，要為痛苦和快樂負起責任的，是心。

當我們持續想著「我！我！我！」，並且只談論自己的時候，我們想要擁有的世界的大小就會大幅縮減。自私狹隘的事件和活動會深深影響我們，肯定也會打擾內心的寧靜。當我們把主要的關注焦點放在其他人身上，同時記得其他人的數量是如此龐大，相較之下，我們自身的掛礙就顯得無足輕重。此外，如果我們希望拔除他人的痛苦，就不會感到挫折沮喪。相對於自艾自憐造成的鬱鬱寡歡、勇氣消退，這種願望將帶來更多的勇氣和決心。

無著尊者

飲酒、跳舞、唱歌和肉體的歡悅永遠不會令人徹底滿足，原因有幾個：第一，這些歡樂不會令身心感到滿足；第二，它們有賴於超乎我們控制的外在條件。這些條件並非隨時隨地可信手拈來，對生起信心（信財）、戒律（戒財）、布施（施財或捨財）等七聖財（或七財、七法財）也沒有幫助。臨死之際，我們無法帶著由這些歡樂所製造的事物前往來生，而歡樂本身也不是究竟的目標。再者，如同火柴被其本身的火焰燃盡一般，享樂的過程遲早會消逝，而且小小的逆緣隨時可能終止這個過程。這些歡樂所產生的利益，非但不能提供徹底的滿足，反而製造更為強烈的欲望。若加以深思，就會發現，歡樂是巨大挫折和重複受苦的根源，而且只會增加痛苦折磨，如同搔抓傷口似乎可以暫時緩解癢感，但事實上，它會使傷口惡化，帶來後續更難受的不適。

然而，佛法提供的安樂卻相當不同。這種安樂可在任何時刻及情況充滿身心。我們越品嘗，就越感到滿足。不論是什麼敵人或事件，都無法把它從我們身上帶走，而且它還能在來世繼續帶來利益。這正是把佛法當作究竟目標的原因。佛法的道路能驅除一切痛苦，帶來真正的安樂，讓所有煩惱和惡行徹底消失。

頂果欽哲仁波切

最初，凡俗的享樂令人感到愉悅，然而隨著時光的消逝，卻逐漸成為痛苦折磨的來源。如果你把一條濕皮革纏繞在手腕上，剛開始沒問題，但隨著皮革的乾燥收縮，就會變得緊繃而疼痛。此時若能用刀子把它切開，會有多麼舒暢呀！

一旦了解空性和現象緣起的雙運，便能看清世界的真實面貌有多麼令人迷妄和充滿欺騙。如同老人被迫去玩孩子的遊戲，不但無聊且令人生厭。當你了解到，把生命用來貪愛朋友、策劃如何征服敵人和競爭對手有多麼愚蠢透頂，就會發現這些行為的乏味無趣。

一旦驚覺自己老是受到串習的影響和制約，是多麼沒有意義時，你將會感到厭煩。這將激勵自己努力朝著解脫的方向前進，並且由於這種努力，終究達至解脫。輪迴絕對不會自行消失，你必須積極主動地擺脫它。

頂果欽哲仁波切

根識（sense-conciousnesses）的功能純粹在於感知相應的對境，譬如色、聲、香等等，而不添加任何東西，然而心卻隨後在這些感知上加油添醋，想著：「這是美的」，「這是醜的」，「這可能會傷害我」，「這可以帶來快樂」。這些主觀的添加物最後會導致「業」的積聚，但這些添加物並非由外在對境的色相或眼根、眼識所製造，而是由心製造出來的。

漂亮的對境不具有對心有益的特質，醜陋的對境也沒有傷害此心的本具力量，美醜都只是心的投射；外在對境本身不具有引起痛苦或快樂的能力。舉例來說，看見特定的人可能會使某人快樂，卻引發另一人的痛苦。把這種特質歸屬於所感知對境的，是心。

第七世達賴喇嘛格桑嘉措

若有一種方法可以離於痛苦，

便該運用每個剎那達成目標。

唯有愚夫會想要更多的痛苦：

知情卻還服毒，

這是多麼令人悲傷的景象。

第十四世達賴喇嘛丹增嘉措

基本上，佛教是由兩件事物所構成：見地（見），對一切事物之相互依緣有確切的了解（緣起見）；以及行為（行），這可以概略地定義為非暴力（無害行）。如果有人要用一個字詞來總結佛陀的法教，那便是「相互依緣」，非暴力則是相互依緣的自然結果。我們彼此依賴，所有其他眾生也像我一樣想要離苦得樂，因此我個人的苦樂和其他人的苦樂是密不可分的。

非暴力並非軟弱無力或被動消極，而是在所有的念頭和行為之中，刻意選擇了利他。因此之故，知情卻還傷害他人的行為就變得令人匪夷所思。

吉美林巴：使痛苦延續的緣境

抬頭準備襲擊的欲望之魔，此乃痛苦之源，
與欲望的有毒對境彼此纏繞，
構築成一座沒有逃脫出口的牢獄：
那是一處孕育疲憊與悲苦之地。

我們渴望快樂，並且努力追求。
但因受到無明力量的壓制，
並且遭到苦及苦因的銳利尖端刺中，
成為自己製造所有痛苦的內在處所。

有如飛蛾受到明亮火光的吸引，
又如鹿、蜂、魚、象一般，
我們遭到聲、香、味、觸背叛，
而與欲望的五種對境緊緊相扣。

甘珠爾仁波切對此偈誦的論釋

欲望是今生來世的痛苦之源。有如飛蛾受到宜人燭光的吸引而投火自滅，人們貪愛奉承諂媚的愉悅音聲，受到菸草香氣、肉類味道、愛人柔觸、絲綢輕撫的誘惑而受騙上當，因而摧毀了通往解脫的道路。

小鹿因受到魯特琴甜美音聲的誘惑而身中毒箭；蜜蜂因受到花香的吸

引而落入花瓣的陷阱；魚兒因無法抗拒魚餌的味道而上鉤；大象因渴望與配偶肌膚相親而死於流沙；眾生因受到感官對境的誘惑而時時刻刻與這些對境緊緊相連。

如世親（Vasubandhu）所說：

一切有情眾生，各個
時時刻刻受五塵所惑，
日日夜夜皆不知所措，
誰又能得到什麼安樂？

第五章：斷捨苦因

真正的出離不是一種約束，而是一種自由。它來自不想再失望挫折的強烈欲望，而生活中的尋常事務難免都會製造這種挫折。出離世俗、逃離幻相之獄的人，有如逃脫牢籠而飛翔天際的鳥兒。不管鳥籠是用黃金或劣等金屬打造，它仍然是座監獄。無論人們是貧賤或富貴，名揚四海或默默無聞，成功或失敗，快樂或痛苦，最後還是不快樂且挫折沮喪。出離的精要在於放下阻礙內在自由的事物，因而讓心意、言語和行為都變得單純。強迫抑制會製造挫折和沮喪，出離斷捨則帶來真正的喜悅感受。

出離不表示就得放棄生命中真正美好和有用的事物，而是去除不必要的負擔。當閉關修士重複持誦十次「我一無所需」的魔咒時，並非是要讓生活變得枯燥乏味，而是企圖去除那永無止境、令人分心散亂的事物；而這些事物不但掌控人心，還留下虛耗光陰的苦澀滋味。他們想要使生活變得簡單俐落、有條不紊，以便全心投入於真正能夠豐富生命的事物。

以下的忠告常常極為坦率直接。這可能是刻意而為的，因為對大多數人而言，出離的欲望可不是一種本然的動力！

第十四世達賴喇嘛丹增嘉措

法教說，我們需要減少對今生事物的迷戀，這不表示我們應該徹底放棄，而是在面對生命的起伏時，應該避免從狂喜到抑鬱的自然習性，例如：有小小成就便歡欣鼓舞，事與願違時便想跳樓。減少對今生事務的掛礙，指的是要用寬闊安穩的心來承擔生命的起起落落。

頂果欽哲仁波切

想要用一輩子來達成凡庸的世俗目標，有如在乾枯的河床中撒網捕魚。明白這一點之後，就該下定決心，別把人生用來追求這類無用的方向。

紐殊堪仁波切

是什麼讓佛法不僅有用、而且必要？為了回答這個問題，請環顧並反思你在這個世間的處境。若能這麼做，並正視實際情況，你將會看見，受苦是所有眾生的共通點。

我們都在受著不同的苦。老闆有老闆的苦，工人有工人的苦。當你看見老闆在街上經過，你可能心想：「他擁有良好的社會地位，住豪宅，開名車，他一定很快樂。」但事實並非如此，他其實也在受苦，他可能擔心喪失地位、工作太過繁重、因野心勃勃想在政界嶄露頭角而飽受折磨，或正在面臨嚴重的家庭問題。他可能也有一長串其他的問題。即使連美國這種大國的總統，也必須擔心自己失去國家的認可，或無法影響其他國家；即使他做到了，仍然時時處於需要掌控局勢的壓力之下。在此同時，一般的工人遵從上司的命令，被迫做這個、做那個，不但工作單調乏味，且薪資低廉。

我們可能找到解決之道嗎？在日常世界中，答案或許是「不可能」。你或許認為給乞丐一大筆錢，他就會快樂。這也許可以維持一段時間，但很快地，與其為那筆錢感到心滿意足，享受食能飽腹、衣能蔽體的快樂，他反而會想要擁有兩倍的金錢。追逐財物永遠不會帶來快樂，因為我們必須去獲取、保護和增加財富，這已經是一種痛苦。沒有人會滿足於自己的財富或權力；若有人因此而滿足，那未免太簡單了些。

想想那些受戰爭、殘疾、生病住院、飢餓垂死所苦的人數，想想那些因爭執衝突而四分五裂、或剛剛失去摯愛的家庭。或許你目前沒有這種問題，但誰知道什麼時候會輪到你？

雖然現代社會的科學和科技發展已經達到無可想像的程度，但依舊沒有機器或妙計可以終止痛苦、製造快樂。

而終止痛苦，不只是要可以舒緩症狀，也要能根除苦因，這正是佛陀法教的目標。

因此，我們應該如何進行？首先，我們必須了解，痛苦的真正原因不在外界，而是內在。執著、瞋怒、憎恨、驕慢、嫉妒、迷惑等負面情緒，才是痛苦之因，才是真正的心毒。我們對事物產生誤解，因而產生這些心毒，它們只會導致痛苦。佛陀的法教對此有所解釋，但我們也可透過真正客觀的反思來達到這種理解。因此，真正的修行在於修練自心。

心的力量非常強大，可以創造快樂或痛苦，淨土或地獄。如果藉由佛法的協助，你得以根除內在之毒，那麼便沒有什麼外界的事物能夠影響你的快樂，但只要心毒尚存，即使尋遍世界各地，你都找不到快樂。

修心是非常廣大的課題，整個佛法都致力於修心，其精要是：心之所以會生起各種概念、煩惱、串習，主要是因為它強烈執著於「我」和「我的」。因此，當人得不到「我」想要的東西時，就會痛苦；當人遭遇到「我」不想面對的事物時，就會痛苦。

藉由一再觀修心性，可以逐漸消融我執。在所有能讓人達到這種境界的法門中，觀修菩提心，也就是觀修慈心和悲心，最為深奧。對一切有情眾生充滿慈心，重視其他眾生勝於自己，乃是佛法的根本。

第十四世達賴喇嘛丹增嘉措：真實出離的意義

如果你基於對空性的認識而深刻徹底地了解四聖諦，那麼你也會了解輪迴和生命的本質。藉此，你會對解脫生起真心誠意、深思熟慮的強烈願望。此乃真實的出離。

你嘗試各種方法想在社會上出人頭地，但都失敗了，然後你出於反感或絕望地說：「我放棄了！」只因為你找不到更好的事情可做；這是失敗主義，而非真實的出離。真正的佛法修行者在出離時，所懷著的是勇氣和對事實的全然了解。

在佛陀的咒語「嗡　牟尼　牟尼　瑪哈牟尼耶　梭哈」（Om muni muni mahamunaye svaha）裡，「牟尼」是指對自己擁有的資源潛能具足信心的能者。我們應該用這種態度來揚棄痛苦的輪迴，而不是心灰意冷、發發牢騷地說：「我受夠了。」

真實的出離涉及征服「無明」這個真正敵人的決心。當我們了解自己是迷妄的奴隸，生命中幾乎沒有可容納真正安樂的空間時，這種決心就會展現。當這種感覺變得難以忍受時，解脫自在就會是你全神貫注的唯一事物。

接著重點是，我們要把這種感受與如虛空般無盡的所有眾生分享，並且充分覺察到，眾生和我們一樣都想要離苦得樂。然後，無我的慈心與悲心，也就是願其他眾生離苦的深刻欲望就會生起，而其最終將開展為希望一切眾生從無明及無明所製造的痛苦中解脫而達到覺醒證悟的願望。

夏嘎巴

若是追溯輪迴痛苦之源，你會發現無明是唯一的答案。那是什麼無明呢？對眾生和萬法欠缺真實存在這件事實的無明。眾生和萬法不存在，也不自行存在。

無明如何顯現？假設在漆黑的夜晚，你經過的路上有一條盤捲的繩子，你可能會以為那是一條盤纏的蛇而怕得心跳加速；同樣的，當我們沉迷於無明黑暗時，由於對身體與心識的暫時聚合產生錯誤的覺知，無法清晰明辨這個身心聚合物的真正本質，因而把它視為「我」。事實上，這個「我」並非實存。

如此一來，我們創造了「我」和「他人」之間的分別，執著此、排拒彼。我們以愛、憎的雙重過程為基礎，生起所有的心毒；又在這些心毒的影響之下，投生於輪迴的上三道（善趣）和下三道（惡趣），並在其中交雜地從事善行和惡行，然後面對造作之後的不幸結果。

密勒日巴

雷聲震耳欲聾，但毫無傷害；
彩虹繽紛絢麗，卻不會持久；
世間看似討喜可愛，也不過是場夢境；
感官刺激令人愉悅，終將歸於幻滅。

直貢吉滇貢波

檢視萬事萬物的死亡無常時，

凡俗的計畫都只是一則玩笑。
你怎能相信如彩虹色澤般短暫的世間八法[19]？

蔣貢康楚羅卓泰耶

~以下的話語來自充滿熱望的閉關修士勇登嘉措（Yonten Gyamtso）於獨居山間時所述說的祈願文，藉以迎請諸智慧本尊的悲心，並當作自我告誡。

口耳傳承的諸位大師，勝者諸佛與菩薩眾等，
大力觀音與稀有度母[20]，請以悲心納受：
那些忘卻死亡、只顧今生事務，
虛擲所有閒暇與圓滿之人！

人生有如夢境般稍縱即逝：

19 世間八法是指利、衰、毀、譽、稱、譏、苦、樂。
20 觀世音是無我慈悲之佛。度母為佛陀女身相，曾立誓持續以女身轉世，直至覺醒證悟為止；她是一切諸佛慈悲事業的代表。

不論快樂與否，
願我能不在乎喜樂或哀傷，
真心誠意地修持無上佛法！

知識份子的推理是虛幻的騙術：
不論對錯與否，
願我將其鄙視為世間八法的瑣事，
真心誠意地修持無上佛法！

友伴好似棲息樹上的鳥群：
不論聚散分離，
願我掌控自身命運的韁繩，
真心誠意地修持無上佛法！

虛幻的身體有如破舊廢墟：
不論精力充沛或老朽衰敗，

願我不受尋求衣食和醫藥的拖累，
真心誠意地修持無上佛法！

知識在急需時無用武之地，
其乃有如華麗鹿角，
知道與否無關緊要，
願我對凡俗知識不予信賴，
真心誠意地修持無上佛法！

喇嘛的顯赫派頭，
使我看來像是包裹在錦緞裡的狗屎，
不論擁有什麼派頭，
願我看清自己腦袋裡的腐敗齷齪，
真心誠意地修持無上佛法！

親友彷彿市集的顧客：

不論友善或充滿敵意，
願我從內心深處斬斷執著之繩，
真心誠意地修持無上佛法！

貨物有如夢中尋獲的寶藏：
不論擁有與否，
願我不以阿諛奉承來謀求利益，
真心誠意地修持無上佛法！

社會地位好似棲於樹頂的雛鳥：
不論地位高低，
願我不招惹引發自身問題之因，
真心誠意地修持無上佛法！

迅捷的分析有如豬隻的鼻端：
不論敏銳或愚鈍，

願我不會徒勞噴出愛憎的白沫，
真心誠意地修持無上佛法！

禪修覺受彷彿夏日山洪的來去：
不論是增是減，
願我別像追逐彩虹的孩子，
真心誠意地修持無上佛法！

種種的暇滿就像如意寶：
假使缺乏就無法應用這些教導。
願我珍惜此一教導，
真心誠意地修持無上佛法！

吉祥的上師照亮解脫之道：
若我未曾得遇上師，終究無法領會事物的究竟本質。
如今我已知何去何從，而不跳入深淵。

願我真誠地修持無上佛法！

此無上法教有如靈丹妙藥：
若未聽聞，就不知取捨。
善惡我已能區分，猶如不再服毒。
願我真誠地修持無上佛法！

苦樂交替有如四季更迭：
若不加領悟，怎能厭倦輪迴？
沉溺苦海定是我的命運。
願我真誠地修持無上佛法！

有如水中之石沉入輪迴底部：
若我現在不緊握三寶所賜的慈悲之繩，
此後就再無可能。
願我真誠地修持無上佛法！

解脫功德如金銀島般珍貴：
若不明瞭，便無法生起勇氣。
認清勝者堅不可摧的利益，
願我真誠地修持無上佛法！

證悟者的生平事蹟有如甘露：
若不覽讀，就無法開展信心。
了知勝敗的所在之處，
且不再收買我的痛苦，
願我真誠地修持無上佛法！

利他的證悟願望有如沃土：
若不耕耘，就無法成佛。
切勿因為淡漠而放棄此崇高目標，
願我真誠地修持無上佛法！

此心有如騷動不安的猴子：
若未調伏，無法導正負面的情緒。
切勿再沈溺於愚蠢的鬧劇，
願我真誠地修持無上佛法！

相信有「我」的信念如影隨行：
若不根除，無法抵達極樂淨土。
一旦擄獲敵人，就絕不可親善待敵，
願我真誠地修持無上佛法！

五毒有如灰燼底下未滅的餘燼：
若不滅除，便無法於不變的心性中安住。
切勿再將毒蛇攬入懷中，
願我真誠地修持無上佛法！

頑固性格有如裝著奶油的老舊皮袋：
若不加以軟化，就無法把心與佛法融合。
別讓自己的孩子為所欲為，
願我真誠地修持無上佛法！

根深柢固的惡習有如河川之流：
若不予以中斷，諸作總是違背佛法。
切勿再把武器供給敵人，
願我真誠地修持無上佛法！

紛亂不止的事物有如水面上無盡的漣漪：
若不立即揚棄，就無法穩定自心。
當我還有選擇的自由時，就別再賦予輪迴生命，
願我真誠地修持無上佛法！

上師加持有如溫暖大地和水流的熱氣：

除非進入我心，否則便無法認清自性。
當有捷徑時，就別再選擇迂迴的道路，
願我真誠地修持無上佛法！

僻靜處所有如充滿藥草的夏日山谷：
若不留駐，便無法生起修行的功德。
如今我置身山間，而非在令人悲傷的村莊徘徊，
願我真誠地修持無上佛法！

追求舒適的欲望有如住在自家的貧窮惡魔：
若不分離，便總伺機製造痛苦。
別再把飢餓的惡魔當作神來供養，
願我真誠地修持無上佛法！

留心警戒有如堡壘的門栓：
若無它們，來來去去的幻相便會永不停息。

絕對不可在小偷面前開啟門栓，
願我真誠地修持無上佛法！

心的本然狀態有如無有變異的虛空：
除非加以察覺，否則將會不停運用對治解藥。
與其把腳鐐套在自己腿上，
願我真誠地修持無上佛法！

淨覺的本質有如無瑕的水晶：
若未加以了證，便無法了知此本質乃無根無基。
切勿於他處尋求內在已具的事物，
願我真誠地修持無上佛法！

心的本然離戲有如舊識老友：
若不熟悉面貌，
任何修行終究只是騙人的虛幻。

與其閉著雙眼探路，
願我真誠地修持無上佛法！

願菩提心的兩個面向於心生起，
感念阿底峽所傳、口耳傳承持有者所修的
佛陀精要教言。
願我一切所行皆合於無上佛法！

凡俗作為有如晃蕩在沙漠中般無用，
此種努力只會使自心更加僵化，
念頭會導致迷妄強化，
尋常人等所宣稱為佛法的一切事物，都是引起糾葛之因。

從未成功的各種活動，
毫無意義的成群念頭，
無暇滿足的千萬需求：

願我放棄所有的焦躁不安，修持口耳傳承的教導！
如果我想要行動，便要以勝者之語作見證。
如果我想做什麼，便要讓自心與佛法相融。
如果我想要修行，便要閱讀口耳傳承大師的生平。
否則你——放縱的習性，我還能用什麼方法來對付？

帶著知足之財，採取最謙卑的姿態，
離於世間八法的枷鎖，充滿勇氣地修行，
領受上師的加持，並獲致廣如虛空的了證，
願我能進入口耳傳承的傳續之流！

貝瑪林巴

~貝瑪林巴在名為「金黃山谷之巔」（The Heights of Golden Valley）的隱居處閉關，獨居在小竹屋裡有好一段時間，當他俯瞰山谷中的人們從早到晚忙個不停，忽然深感悲傷而說道：「看來我和底下那些村人一樣，都因為俗事而分心散亂！」於是他撰寫以下的忠告來自勉：

南摩　咕嚕　斯瓦斯帝　希當！（Namo guru swasti siddham）

禮敬上師。

願修行之成就獲得大勝！

喔，上師，蓮花生，吾於此祈願：

願佛陀法教

因您的加持而傳揚！

貝瑪林巴，這個低劣時代的流浪者，

自出娘胎以來，

你就忘記要思惟死亡。

分心的事物讓你昏頭轉向，完全沒了主意。

六道眾生在輪迴中流轉徘徊，

受貪執所困，

而迎此拒彼。
視所有如水沫或空中幻影！
謹記一切無常，貝瑪林巴！

可以肯定的是：
生於四大部洲的有情終究必亡。
古往至今，
你遍尋不著有誰不死。
死亡是今生的命運，
也會是來世的命運。
不知死亡何時將至而感到迷惑，
思惟死亡啊，貝瑪林巴！

你出生的家園是那輪迴的泥淖。
九歲之前，由雙親照顧。
其後在人類社會中流浪。

儘管無人教導，卻成為出類拔萃的工匠。
現在你只是個尋常的奴隸，
專門宣揚聖者聖物的傢伙！
雖然你是烏帝亞那[21]之語的持有者，
卻因受到執著與瞋恨的誘惑而分心散亂。
放棄那些虛幻啊，貝瑪林巴！

在三十七歲的猴年黎明，
你取出烏帝亞那所授記的甚深伏藏。
在成為眾多甚深教導的守護者後，
你卻將之閒置、漠不關心，
從未徹底修持。
由於不加覺察，
負面情緒如同洞穴底下的湧泉那般源源不絕。
轉化你的心啊，貝瑪林巴！

尚未放棄對食物和財富的渴望，
以致身陷於貪婪與我執的圈套。
你迷戀自我，被欲望吞噬而愚弄了自己。
對那些用財物美食來誘惑你的狐群狗黨，
逢人便說你對他們的讚揚，
你是個笨蛋，根本無法積聚福德與智慧。
斬斷我執啊，貝瑪林巴！

你寵愛自己，還為它穿金戴銀，
但它不過是從四大元素借來的幻相。
藉由你的五根所感知的六塵，

---

21 在此，烏帝亞那（藏Orgyen，鄔金）是指蓮花生大士。據說，他出生於烏帝亞那（Uddiyana）丹納科夏湖（Danakosha）裡的一朵蓮花。烏帝亞那曾是印度西北邊的一個國家，可能位於當今巴基斯坦境內的斯瓦特河谷（Swat valley）。另有許多偉大的佛教上師都來自此處，其中包括大圓滿傳承的第一位人類上師噶拉多傑（Garab Dorje，極喜金剛）。

哄騙了你的心。
這個如幻的身軀，
受到不可預期的生、老、病、死所折磨，
你希望它永存，但它終將消失。
別再珍愛它了，貝瑪林巴！

你和一般人因業緣而會聚，
卻刻薄以待。
你對佛法修行者欠缺淨觀，
不尊重與你結有神聖法緣之人。
你不敬重智者，
也不感激善待你者，
還對輪迴的惡性循環麻木不仁。
別再這麼做了，貝瑪林巴！

依大乘法教穩固有成的人，

於聞思修而掌控自心的人，
且生圓次第完全確信的人，
和為通曉修道三次第[22]的人，
這些聖哲你卻只見其過患，
並且蔑視他人：
好似睜大眼睛卻走向斷崖峭壁的蠢蛋。
應當生起淨觀，貝瑪林巴！

你的家鄉是障礙唆使者魔羅[23]的監獄。

22這三次第可能相應於小乘、大乘和金剛乘。

23在佛經裡，魔羅（Mara，藏bdud：魔，惡魔）是指邪靈或負面力量，會阻礙覺醒證悟的進展。在佛教禪修的背景脈絡之中，這些障礙被分類為「四魔」。它們分別是（一）五蘊魔（the demon of the aggregates，五蘊是指人的身心組成成份），構成輪迴之苦；（二）煩惱魔（the demon of negative emotions），此乃痛苦之因；（三）死魔（the demon of death），這不只是指死亡，也包括萬事萬物之無常本質（細微的無常也是痛苦）；以及（四）天魔（the divine of demon），指對可愛事物的執著與分心，並把這些事物視為真實。

朋友和親戚是魔羅的探子。
食物和財富是魔羅的盜賊。
輪迴則是魔羅要把你綁上的樁子。
你的怠惰便是魔羅的繩子。
魔羅乃來自我執。
你不知自性為何，而且一再拖延。
放棄世間八法，貝瑪林巴！

你只愛好立即的滿足，
生命耗盡，日復一日、夜復一夜，
色身漸衰，月復一月、年復一年，
你的心一步步地沈入無明的泥沼中，
可是你卻還在延遲修行！
從不了解何為有益之事？
既頑固又不具佛法，根本就是在愚弄自己。
該要好好想想，貝瑪林巴！

你空有苦行者的外貌，
卻未了悟無生狀態之精要。
光是裝模做樣，並不會使你成佛！
當要下定決心，了知其中的真義。
光是有所了解，不足以讓你了證，
若不打從深處使自心清明，
你將永遠無法讓迷惑的概念竭盡。
應當決斷真義，貝瑪林巴！

放棄徒勞無益的世俗活動，
遠離一切凡俗運作，
在遠離人群的僻靜處，
置身於有所遮蔽的空曠洞穴中，
獨自一人，拋下對身心的所有掛礙。
採取毘盧遮那的七支坐法[24]。

懷著利益一切眾生的發心，
把你的心和上師的心相融。
觀想上師時時都在你頭上，貝瑪林巴！

本初之心非和合而成。
根本之心其自性為空。
顯現之心則處處遍在。
六根之心覺知其六塵。
六道眾生之心受業力驅使。
迷妄之心則攀執於「我」。
心之自性乃離於不淨。
全然確信上述，貝瑪林巴！

當你培養內在的寂止，
不論出現了什麼念頭，
都用大明性加以認清。

凝視它們，使其於本然赤裸之中解脫，
然後安住於此一狀態。
座上、座下禪修交互輪替，
內在的寂靜將帶來喜、樂，
你將品嘗勝觀的究竟法味。
保持禪修不斷，貝瑪林巴！

我，貝瑪林巴，來自不丹的僧人，
受到厭倦和出離的極大影響，
在此吟唱這首從心中生起、
由十六則忠告組成的小曲。

24毘盧遮那的七支坐法（the seven-point posture of Vairochana，毘盧遮那或稱大日如來）分別為：（一）雙腿盤成金剛跏趺姿（vajra posture），即一般人所知的「蓮花坐」（lotus posture）；（二）右手放在左手上，兩手拇指相觸，雙手放在大腿上結定印；（三）雙肩放鬆，前臂稍稍和軀幹保持距離；（四）背脊挺直；（五）下巴微微往喉部內收；（六）舌尖碰觸上顎；（七）雙眼往前直視，或順著鼻子的方向微微向下，雙眼睜開或半開。

願這些忠告能對眾生有益，
不被博學多聞者譴責批評！

巴楚仁波切和小偷

～這個故事來自紐殊堪仁波切的口述，並由作者記錄。

這個故事發生在臧塘寺（Dzamthang）附近。當時，巴楚仁波切坐在長滿小草的小圓丘上，而非大殿的法座。他剛對數千名聽眾嚴謹而圓滿地傳授了《入菩薩行論》。就在這個時候，有位信眾想把一塊馬蹄鐵形狀的銀錠供養給巴楚仁波切。一如往常地，巴楚仁波切拒絕接受供養，但那人還是把銀錠放在仁波切的腳邊，然後快步離去。

不久之後，巴楚仁波切起身離開，把供養全都留在土丘上。有個小偷知道有人供養銀錠，於是尾隨在後，企圖偷取銀錠。

巴楚仁波切習慣獨自旅行，常常沒有特定的目的地，並且會在星空下過夜。那天晚上，當他睡著的時候，小偷趁黑偷偷摸摸地走近仁波切。在仁波切身旁，有一只小小的布袋和煮茶的小陶壺。小偷找不到他要的東西，於是開始在仁波切的衣服裡搜來搜去。突然間，巴楚仁波切被小偷摸索的手弄醒了，他大叫：

「呦！你在我衣服裡東摸西摸地做什麼？」

驚嚇之餘，小偷粗率地回答：「有人給你銀錠。我要，把它給我！」

「唉呦！」巴楚仁波切再次大叫：「瞧瞧你過的生活有多苦，像個笨蛋一樣東奔西竄！你走了大老遠的路，就只為了一塊銀子？可憐喔……聽好！你快點兒回頭走，大約黎明時分，就可以回到我當時所坐的土堆。銀錠還在那裡。」

小偷對此話半信半疑，但他已經搜遍了全身，知道仁波切並沒有帶著銀錠。那個令人垂涎的供品不大可能還在仁波切所說的位置，但小偷仍然沿路往回走。他在土丘附近四處搜尋，終於找到仁波切留下的銀錠。

那位不再年輕的小偷哀嘆：「啊呀！這個巴楚肯定是位離於一切執著的真實上師。我企圖偷取他身上的物品，因而造作了非常糟糕的惡業！」

小偷感到極度懊悔與痛苦，於是沿路尋覓巴楚仁波切。當他終於找到上師之際，巴楚仁波切大叫：「嘿！你回來了，老是翻山越谷的！這次你要什麼？」

小偷難以自抑地留下眼淚說道：「我這次回來不是為了要偷您的東西。我找到了銀錠，而且非常後悔對您這樣一位真實上師做出如此糟糕的行為。您幾乎身無長物，我卻還要偷您的東西。在此乞求您寬恕和加持，讓我成為您的弟子！」

巴楚仁波切安慰他，說：「不必懺悔或請求寬恕。從現在起，修持布施，向三寶祈請。這就夠了。」

不久之後，人們風聞此事，開始毆打小偷。巴楚仁波切聽到後，嚴厲訓斥：「如果你們傷害這個人，就等同在傷害我。誰都不准打擾他！」

密勒日巴與獵人

這一天，閉關修士兼詩人的密勒日巴在安頓幾位弟子進入閉關後，退居到某個洞穴裡，於寂靜中開始禪修。這個洞穴的所在位置環境理想，風景優美、地處僻靜，還有當地神祇的護持、鳥鳴和清溪潺潺流動的聲音完美和諧地融合在一起。

因此，當兇猛的吠叫聲劃破清幽時，著實令人震驚。密勒日巴從高處很快就看到了打破寧靜的事物往他的方向而來：一頭黑色雄鹿朝他急奔而來，氣喘吁吁又驚恐萬分。

他的心中頓時生起了大悲，發願要用佛法引導雄鹿，使其脫險。於是密勒日巴唱起了這首道歌：

我頂禮於洛札[25]馬爾巴的足下！
諦聽！頭上有著壯麗冠角的鹿兒。
只要你試圖逃離外在世界的一切，
便永遠不能從無明的幻相中解脫。
放棄所有迷妄的時機已然到來。
對你而言，業熟果報來得太快：
你在這虛幻的色身裡，如何能夠逃離？
若想要逃離，就逃入心性中，
奔入覺醒證悟的住所。

25大譯師馬爾巴（Marpa，1012~1097）是密勒日巴的上師。他住在西藏南邊的洛札省（Lhodrak）。馬爾巴在傳授密勒日巴法教之前，讓密勒日巴受盡艱困試煉的知名故事，可見於《密勒日巴傳》（The Life of Milarepa，藏Lhalungpa）。

若想逃到他處，不過是個迷妄。
是故，別再迷惑，留在我的身邊！
受到死亡恐懼的鉗制，
你希望在山丘的另一側覓得安全，
又憂懼在山丘的這一側會遭捕捉。
但正是希望和恐懼使你在輪迴中流轉徘徊！
我將教導你那洛六法[26]，
以及如何觀修大手印。

他用如婆羅門般悅耳悠揚之音來吟唱，使聽到歌聲的人都如癡如醉。那頭雄鹿就這麼淚眼汪汪地躺在密勒日巴的腳邊。

接著，當密勒日巴納悶他所聽到的吠聲從何而來的時候，一隻紅毛母狗出現了，兇猛地對著他吠叫。突然密勒日巴感到些許哀傷，轉而對母狗生起悲心，於是他唱起了這首道歌：

我頂禮於洛札馬爾巴的足下！

願他賜予加持，讓我能調伏眾生的瞋恨！

如狼面的狗兒啊，

且聽聞密勒日巴的道歌吧！

你把所見的一切視為敵人，

內心充滿仇恨。

你投生為殘忍的野獸，

活在飢餓與痛苦之中，

折磨你的毒從未平息；

如果你不能控制自心，

又能從攫取外在的獵物中獲得什麼？

該是降伏自心的時候了！

放棄你的瞋恨，留在我的身邊。

此刻，在瞋怒難抑的影響下，

---

26 那洛巴（Naropa）是馬爾巴的印度上師。他曾傳授六瑜伽（six yogas）的修持法門：拙火瑜伽、幻身瑜伽、睡夢瑜伽、明光瑜伽、中陰瑜伽（bardo，中間的狀態，尤其是死亡和投生之間的狀態），以及遷識瑜伽。

你害怕在山的另一邊失去雄鹿，
又希望在山的這一邊可捕獲牠。
但正是希望和恐懼使你在輪迴中流轉徘徊！
我將教導你那洛六法，
以及如何觀修大手印。

母狗因閉關修士的大悲而深受感動，平息了瞋恨，躺在雄鹿旁邊。

密勒日巴自言自語地說，有個危險兇惡的人肯定會尾隨這兩隻動物而來。果然，他出現了，滿身大汗，眼睛咕碌咕碌地轉。這位獵人名叫吉惹瓦貢波多傑（Kirawa Gonpo Dorje）。當他看到雄鹿和母狗安靜地躺在密勒日巴身邊的時候，隨即怒火中燒，對著密勒日巴惡毒謾罵，還朝他射出一箭，卻失了準頭。

密勒日巴心想，人的理解力至少和動物相當，於是建議獵人在射出更多的箭之前，聽聽他的道歌。

我向所有偉大的成就者祈願！

願他們賜予加持，讓我們可以離於心毒！
你，面相有如羅剎的人，聽聞密勒的道歌！
根據教導所說，人身是稀有難得的珍寶，
但我看著你時，卻找不到任何珍奇之處？
你，看來有如魔鬼般的惡人，
只知追逐今生的歡樂，
結果正朝著墮落沈淪前進。
如能降伏內在的欲望，
便可獲得真正的成就。
你永遠無法控制外在現象，
此時你所需要掌握的是自心！
你的欲望不會因殺鹿而滿足；
但若能終止五種心毒，
所有願望都將實現。
越是努力試著擊敗外在的敵人，
其數量就會越多。

如果只掌握自心，
即能終止噩運。
與其把人生用於造惡，
不如修持無上的佛法！
我將教導你那洛六法，
以及如何觀修大手印。

獵人依舊心存懷疑，但也因為兩隻動物的舉止和這位上師非比尋常的力量而驚得目瞪口呆。他檢查洞穴，想看看他所面對的是否是個騙子。但他在洞穴裡什麼也找不到，只有一把樹根和樹葉。此時，他生起了強烈的信心，把擁有的一切供養給密勒日巴，包括那頭雄鹿的生命，並請求服侍密勒日巴。密勒日巴對獵人的悔悟感到欣喜，便收他為弟子。

獵人因為密勒日巴的正直仁慈而感動流淚，並獻上一首自創的歌曲，祈請密勒日巴給予指引。但當獵人決定回家安頓家務，並允諾盡快返回之時，密勒日巴唱出了以下的忠告來勸阻：

你，獵人，諦聽！
暴風雨發出隆隆聲響，但它只是空虛的音聲。
彩虹有著絢爛的顏色，
但將稍縱即逝。
世間的事物即使令人愉悅，也只是一場夢境。
宜人的物品提供巨大歡樂，
卻因而引發惡行。
和合而成的事物看似永久，
也很快會被摧毀。
昨天擁有的事物，今日欠缺。
去年活著的人物，今年已逝。
為了健康所吃的食物，變成毒藥。
過往的良友成為敵人。
曾以仁慈保護的人，如今羞辱反待。
往昔從事的惡行，將會使你受傷。
在百只人頭當中，你的頭最寶貝。

在十根手指當中，切斷任何一個，都會讓你痛苦。
在所有妻子當中，你最珍愛自己的妻子。
現在，是為自己做些事情的時候！
生命飛逝，死亡很快就會來敲你的門。
沒有理由再延遲修行。
其實，把你推向輪迴的是你的摯愛。
該是你追隨上師的時候了！
你將在今生找到安樂，
來世找到更多的安樂。
該是你修持佛法的時候了！

貢波多傑在聽聞這首道歌後，完全皈依佛法，放棄了返家的念頭。他從密勒日巴那裡領受所有必要的法教，並以禪修將這些法教轉變為內在的覺受，因而達到了究竟的證悟。他成為密勒日巴的心子之一，即日後著名的吉惹日巴（Kira Repa），母狗和雄鹿也從下三道解脫。現今在密勒日巴的洞穴裡，你仍可以看到他的弓箭。

第二部 修行的基礎

第六章 皈依

當福祉、財產、珍愛的事物或生命遭受威脅時，我們都會試圖保護自己，而且一生都是如此。我們尋求安全的處所來避難（皈依），求助於那些能夠提供保護的人。

但同樣地，我們窮極一生都因無明及源自無明的心毒而飽受痛苦，其中尤以瞋怒、執著、比生命中難以預料的變化更殘酷持久的悲傷苦惱為甚。為了免於這種不幸，我們必須追本溯源，而無明就是其本源。無明之人要如何降伏無明？答案是：依止已降伏無明的人，追隨他們行走的道路。在佛教裡，這即是佛、法、僧三寶的角色。佛是覺醒者，教導我們如何離於痛苦；法是佛陀所教導的道路；僧或僧伽是由追隨這條道路之人所組成的社群。

換句話說，佛是嚮導，法是道路，僧是助伴。在金剛乘、西藏密乘和印度佛教裡，上師體現了三寶的本質：上師之心（意）為覺醒證悟，或佛；上師之語為法教，或法；上師之身是社群或僧伽。

根據佛教的說法，在覺醒證悟的智慧裡，皈依是離於痛苦、趨向解脫不可或缺的第一個步驟。它是道的起點。

我們的心其實就是究竟或內在的皈依處。明覺（awareness）之明光持續地在迷惑之雲後面閃耀，而認識心的本質，在明覺之明光內覺醒，便可自然地免於痛苦之因。如能保持明覺之相續不斷，我們將不再懼怕所知障和煩惱障，因為它們已失去影響我們的心識的能力。外在的皈依，其功用是讓我們逐步達到這種認知，並最終證得內在的皈依。

第十四世達賴喇嘛丹增嘉措

藉由聞（聽聞）和思（反思），我們了解到痛苦的起源，以及痛苦如何開展和持續不斷。接著，我們要學習如何逆轉這個過程，相信自己有可能從中解脫。我們也了解到，如果想要從中解脫，對事物的本質擁有正見就顯得非常重要。換句話說，事物的本質是空性，它欠缺獨立的存在。

若能徹底理解四聖諦的意義，尤其是在理解止息痛苦的可能性和道路之後，就能對法教或佛法產生無可動搖的信心，這就是真正的皈依。接著我們對僧伽，也就是佛法修行者、尤其是大乘修行者所組成的社群產生堅定不移的信心。這些大乘修行者受到利他慈心的啟發，已然生起了覺醒證悟心或菩提心。最後，我們對佛或覺醒證悟的本身產生無可動搖的信心；佛或覺醒證悟是解脫道的究竟成就。這種信心是以真正的了解為基礎，因此不是盲目的信心。

蓮花生大士

人們之所以想皈依，乃是因為他們畏懼輪迴的痛苦、信任三寶為皈依處，以及接受三寶為皈依的對象和皈依的怙主。人們基於這三個理由而生起皈依的發心。

要抱持什麼心態來皈依？首先，你應該對其他眾生的福祉懷抱責任感。你應該懷抱這種態度來皈依，因為如果你純粹只是棄捨輪迴、渴望涅槃，你將無法證得真正圓滿的覺醒證悟：

為使一切有情眾生解脫輪迴的痛苦，
我將皈依，
直到一切有情達至無上覺醒的證悟！

你可能會問：「如果有人因為皈依而受到保護，那是否意味諸佛將會出現，帶領一切有情眾生？」答案是：「諸佛無法親自帶領一切有情眾生脫離輪迴。」如果諸佛能夠這麼做的話，那麼懷有大悲和善巧方便的諸佛早就無一例外地解脫一切眾生。

你也許會繼續問：「那麼，保護我們的是什麼呢？」答案是：「佛法（修持）會保護我們。」

第七章：利他的慈悲

利他的慈悲是佛教修行的核心，被視為「大乘的精華和本質」、「過去與現在一切諸佛所行之道，也是未來一切諸佛所行之道」、「單單此一便已足夠，若無此則無以成就」的法門。就佛教而言，利他的慈心被定義為「希望一切眾生具樂及樂因的願望」，悲心則是「希望一切眾生離苦及苦因的願望」。

一般來說，這兩者可歸納為對一切眾生所懷的無條件之愛，尤其是對任何眾生都能隨時展現此愛。我們要培養這種慈愛，直到它成為自己的一部分；這是我們於此世間能為其他眾生服務的方式之一。這不是不分青紅皂白地迎合、滿足他人的願望和一時的興致與衝動，也絕不同於希望那些追求有害目標的人能夠實現願望。舉例來說，我們應該考慮每個情況的不同要素，並自問其短期和長期後果會是什麼？如何才能對這個人或那個人實際有益？以及哪種行為可幫助少數人或多數人？

慈悲必須伴隨智慧，而其基礎則是了解痛苦的立即和究竟之因。痛苦不只包括我們常常身受或見證其害的明顯痛苦，例如：疾病、戰爭、飢荒、不公不義和貧窮等，還包括其深層之因，也就是心毒。只要心受到迷惑、瞋恨、執著、嫉妒和驕慢的障蔽，痛苦總會以各種形式展現。

佛法的教導指出，對人事物本質愚昧無知的無明，乃是心毒之源；這種無明在我們的覺知和實相之間製造了鴻溝。我們把無常的事物視為恆常，而財富、權勢、聲譽、稍縱即逝的歡樂等一向被視為快樂的事物，則往往是痛苦之因。在我們眼中，事物本來就是「可愛的」或「討厭的」，眾生本來就是「善的」或「惡的」；這個覺知眾生和事物的「我」似乎也真實具體。這種錯誤導致了執著與憎惡的強烈反應，最後不可避免地帶來痛苦。

當我們了解痛苦並非不可避免，且有終止的可能時，慈悲就達到了新的境界。當佛陀在瓦拉納西附近的鹿野苑初轉法輪時，他闡明四聖諦：苦諦，我們必須了解的真諦；集諦（痛苦之因的真諦），無明和無明所孕育的負面心態必須根除；滅諦（止息痛苦的真諦），我們必須止息痛苦；以及為了止息痛苦，我們必須遵循的道諦。

當慈心與悲心結合了喜心（隨喜他人的功德和成就）和捨心（平等對

待一切眾生），慈心和悲心便是證悟心或菩提心的基礎。菩提心或證悟心是指為了使一切眾生從苦及苦因解脫而成佛的願望。這種想望不受時間限制，必須伴隨竭盡全力救度痛苦的決心，只要仍有受苦的眾生，就要繼續下去。

如何生起慈心與悲心？第一個步驟是要了解，在內心深處，我們都想要離苦得樂，包括動物在內的一切眾生皆是如此。在所有的權利中，這個不受苦的權利或許最重要、最根本，卻常常被置之不顧。

佛教的悲心是以終止一切痛苦為目標，不論那個痛苦是什麼、使誰痛苦。它既非奠基在任何道德判斷之上，也不取決於其他人的舉措為何。它的對象不侷限於我們所愛或善待我們的人，而是包括朋友、敵人、陌生人在內，無一例外地含納一切眾生。

詠給明究仁波切

在開始觀修悲心的時候，我發現自己的孤立感開始銷融，有力感（sense of empowerment）則開始增長。然後在我曾視為問題之處，看見解決之道，在己樂重於他樂之處，看見他人的安樂才是內心寂靜的基礎。

寂天大師

世界所含一切喜樂，
來自希望他人快樂。
世界所含一切痛苦，
來自希望自己快樂。

何需長篇之論述？
愚者所做都為己，
諸佛所行皆利他。
且看兩者何差異！

為眾生帶來喜樂，
同時也取悅諸佛，
對眾生造成傷害，
同樣也傷害諸佛。

第十四世達賴喇嘛丹增嘉措

悲心和布施必須伴隨著無所執著。若是期待回報，就如在經商謀利。餐廳老闆對顧客笑容可掬，不是因為他愛著顧客，而是想要增加營業額。當我們愛人、助人時，不應基於認為對方特別可愛，而是因為了解到，不論我們視其為友或為敵，所有眾生都想要快樂，也都擁有快樂的權利。

紐殊堪仁波切

為何菩提心、覺醒證悟心如此重要？因為菩提心是對治「我執」的特效藥，而我執正是輪迴痛苦的起源。相信有個虛幻自我——這種毫無根據的信念，促使愛己排他，最後還反噬自己，這便是我們在輪迴受苦的主因。因此重要的是，我們要時時觀修慈悲，直到能夠愛他勝過愛己。慈悲是修行的命脈，必須恆時持守。

夏嘎巴

在此我要提出由衷的建言：天空要有太陽，母親需要孩子，鳥兒必具雙翼；同樣的，單有空性是不夠的，諸位需要對尚未了悟空性的一切眾生生起大悲，不論對方是敵人、朋友或陌生人。你們必須擁有善惡無別的悲心，須知悲心由禪修而來，不會單純地因等待、思忖就會從空性中自行生起。

過去諸位曾投入多少的光陰來觀修空性？現在就應以同樣的年歲日夜地觀修悲心，而且是一種比母見孩兒被火灼傷所生之悲心還強烈百倍的悲心，一種只要想到有情之苦就強烈到難以忍受的悲心。

在生起這種悲心之後，就必須修行，直到能夠懷有這種猛烈熱切的想法：「在覺醒證悟之前，我應該竭盡所能地利益一切眾生，不管他們犯下什麼惡行，也不論自己得受什麼艱難，無一例外。」

具悲心者，即是佛陀；

無悲心者，則為閻羅。

若具悲心，佛法之根即已種下。

不具悲心，佛法之根則已腐爛。

具悲心者，即使惱怒仍屬仁慈，

無悲心者，即使微笑也能殺生。

具悲心者，就算為敵也可成友，
無悲心者，就算成友也可為敵。

若具悲心，即擁有一切佛法，
若無悲心，則根本不具佛法。

若具悲心，即是一位佛教徒，
若無悲心，則比異教徒還糟。

即使觀修空性，也需以悲心為精要。
佛法修行者必須有充滿悲心的本性。

悲心是佛教獨有的特色。
悲心是一切佛法的本質。

大悲好比如意寶。
大悲能實現自他的願望。

因此，諸位修行者和在家眾，
生起悲心，未來當可成佛。

願所有聽聞此道歌的男女眾，
懷抱大悲，利益一切的眾生！

吉美林巴

慈心意指希望一切有情獲得快樂。
猶如慈母寶貝自己的孩子，
藉由布施身體、資財和善德，
我們利益眾生，
同時訓練自己忍受其他眾生加諸於身的傷害。

悲心為心強而有力的狀態，
對於他人受苦的情況無可忍受。
六道輪迴眾生受困於苦及苦因之中，
由於目睹此景，令人眼泛淚光。

喜心乃是隨喜其他有情的歡悅與成就；
生起希望一切眾生擁有快樂的願望。
它是當一切眾生獲得安樂時，我們所感受到的喜悅。
它是希望一切眾生永不離於安樂的願望。

捨心是離於貪愛與敵意，
一視同仁，
不論是敵是友、非敵非友，
全都公平無私、不偏不倚並仁慈以待。
我們應該修持這四種態度（四無量心），

並且記住世間一切都不具實存。

頂果欽哲仁波切

我們於無始劫來投生於輪迴中，每世必都擁有雙親。事實上，我們已投生無數次，因此，每位有情都必定曾是我們的父母。一想到他們如同迷路的盲人般長時間無助地在輪迴中流浪徘徊，便忍不住生起巨大的悲心。

然而，只有悲心是不夠的，他們更需要實質的幫助。一旦我們的心仍受限於執著，光是給予眾生食物、衣著、金錢或關愛，帶來的只是有限且暫時的快樂。我們必須要做的是，找到一個能使他們徹底離苦的方法，而把佛陀的法教付諸實修，乃唯一的解決之道。

真正的悲心是平等對待一切有情眾生，沒有敵友之分。我們應該時時懷有這種悲心，無論從事哪個善行，甚至是供養一朵花或念誦一句咒，都要懷有這種願一切所行皆能無餘地利益一切眾生的希望。

往昔的大師把悲空無二（悲心與空性無二無別）視為最珍貴、最殊勝的法教。他們一再地培養慈、悲、喜、捨這四無量心，並且達到任運成辦的地步。這些大師以嚴謹修持法教而聞名，首先他們仔細研讀佛法，然後透過禪修的直接覺受來訓練自己；這是在修道上前進的正確方式，最後則能通往圓滿正覺之大樂。

有句話說：「願眾生及怨親皆能得樂，此乃無上安樂之泉源。」當我們達到這種境界的時候，對一切眾生的悲心就會毫無造作地自行生起。

很重要的是，要全心全意地觀修菩提心，直到我們看清今生的活動有多麼了無意義且令人沮喪。你將會為處於黑暗時代的眾生疲憊不堪的狀態深感悲哀，從而生起強烈的感受，下定決心一定要脫離輪迴。如果這些態度能夠深深地紮根，大乘的功德和成就肯定會從中生起。如果想要脫離輪迴的真誠決意並未深植於心，則佛法修行將永無圓滿開展的一天。

一切有情眾生都想要離苦得樂。在數量上，自我和他人有著天壤之別——我只有一個，而眾生卻有無數。因此相較於其他無量眾生的快樂與痛苦，我一人的苦樂簡直微不足道。其他眾生是樂是苦，才真正重要，這便是菩提心的基礎。我們應該希望他人快樂，而非自己，尤其更該希望那些我們視以為敵、惡待我們的人獲得快樂，否則，悲心還有什麼用處？

第七世達賴喇嘛格桑嘉措

即使是鳥王之鷹，若缺一翼，便無法展翅。
雖有多人找到「空性見」之翼，
但唯同時具有「菩提心」之翼者，
方能飛入成佛的遍智境界。

寂天大師

願我為失怙者的護衛，
旅人的嚮導。
涉水者的船隻、木筏和橋梁。

願我為渴望著陸者的島嶼，
希求光亮者的明燈；
棲處者的床鋪；
需要差遣者的奴僕。

願我為如意寶、寶藏瓶，
大力語、無上療癒；
願我為神妙樹，
一切眾生的滿欲牛。

如同地、空本身
和其他大種元素，
願我永遠是無量眾生的生命之基，
即各種物質之源。

如是，對居住於
天際之下的萬物，
願我恆時為他們的生命之泉，
直到他們超越所有哀傷為止[27]。

甘珠爾仁波切

以一切有情眾生為關注的焦點，如此修持四無量：慈心，願一切眾生獲得快樂；悲心，願一切眾生離於痛苦；喜心，隨喜他們的快樂；捨心，平等對待一切眾生，了無執著或憎惡。

於四無量心當中，「無量慈心」的意思是：禪修者以數量無盡的有情眾生為所緣境（專注的對象），因而產生無量的功德。

至於悲心等，則有三種類別：以有情眾生為所緣境（眾生緣）的悲心；以現象為所緣境（法緣）的悲心；以及了無概念（無緣）的悲心。第一種是凡人的悲心，希望一切眾生都能離於痛苦。第二種是以現象為所緣境的悲心，也就是聲聞乘、緣覺乘等聖者的悲心；由於他們已經了悟「人無我」（眾生沒有自我），以五蘊現象的和合來指稱有情眾生，並希望他們能自行離於痛苦。第三種是了無概念的悲心，這是大乘聖者所擁有的悲心；他們因已證得「法無我」（現象沒有自我），所以視有情眾生如幻，並希望眾生能離於痛苦[28]……。那要如何觀修四無量心呢？我們可以把眾生分為三類：

27中譯註：beyond all sorrow意思是「寂滅」。

友人、敵人和非敵非友（中庸）。首先把觀修的焦點放在父母、親友身上，希望他們獲得快樂等等；再來，放在非敵非友者身上；最後聚焦於被你視為敵人者身上。有句話說，當你對敵人和對親友的悲心變得一樣時，你的觀修就圓滿了。

阿底峽尊者

孩兒啊，
本初清淨的心性，
充滿對一切眾生勢不可擋的悲心，
那種悲心源於空性，
也歸於空性。

孩兒啊，
輪涅一切皆來自心的本身，
於心之中，無人曾見任何因或緣。
在審視之下，心有如天空的彩虹。

了知空性與悲心即如天空與彩虹。

孩兒啊，
當視一切有如動盪的波浪，
擾動著深海的水面：
它們來自海洋本身，
也將回返沈入海底。

浮動波浪和深深海洋之間
無人曾見過什麼界限。
同樣的，對陷入幻相之眾的悲心，

28中譯註：英譯於此段並未完全引用，因此沒有關於喜和捨的說明。關於三種悲心（依序為小、中、大悲），印順導師曾經開示：「如果沒有觀破我相、衆生相，那只是凡夫的慈悲（衆生緣慈）；如能進一步觀我空、衆生空，可以達到二乘的慈悲（法緣慈）；再進一步，智慧能夠觀一切法空，那就是佛菩薩的無緣大慈。」見於《印順導師佛學著作述要》（拾伍）《學佛三要》。

也於空性中任運生起。
它源於空性，
也歸於空性。

第十四世達賴喇嘛丹增嘉措：培養悲心

在培養慈心與悲心之前，最重要的是要先了解它們的意義。在佛教傳統裡，慈心與悲心被視為慈愛的兩個面向：慈心是希望一切眾生獲得快樂；悲心是希望一切眾生離於痛苦。

接著，我們必須自問，是否有可能培養慈心與悲心，減少瞋怒、仇恨和嫉妒？我對此的答案是肯定且毫無疑問的。你現在可能不會同意，但請你對這個可能性保持開放的態度。讓我們一起想想看，或許會找到答案。

快樂和痛苦可以分為兩類：心的苦樂和身的苦樂。對多數人而言，在這兩種感受中，心扮演最關鍵的角色。相較之下，身體是次要的，除非我們生重病或境況淒慘貧困；然而，最微不足道的事件都足以使心受到影響。因此，適當的做法是，我們應該更努力於調伏自心，而非確保身體的舒適。

轉化自心是有可能的

儘管個人經驗有限，但我相信，透過規律的訓練，自心就很有可能達到正面的轉化，生起利己利他的念頭、態度和習性，減少有害的念頭、態度和習性。

所謂的「心」，是一個非常引人好奇的現象。有時候，它僵硬死板，抗拒任何改變，但如果我們持續努力加以轉化，經由反思而相信這種改變不只可能，也是必要，那麼心也可能變得非常靈活有彈性。對此，光是發願或祈願是不夠的，必須以體驗為基礎，加以推理。我們不能期待這種轉化在一夕之間發生，因為我們的舊習會抗拒任何快速的解決方案。

如何培養悲心

自我主義會對我們造成不同程度的影響，使我們無法對其他眾生生起慈心與悲心。如果我們想要獲得真正的快樂，就必須讓心處於寂靜的狀態，而唯有利他的慈心才會帶來心的寂靜。當然，光是相信悲心的利益，或對這種感受之美覺得驚奇，並不足以生起悲心。我們必須努力運用日常生活的所有情境，改變念頭和行為。

我們也必須精準地知道這些字詞的真正意義。慈與悲通常混雜了貪愛與執著。舉例來說，相較於佛陀所說的無條件之愛，父母對子女之愛通常是偏頗、有限的。

同樣的，相較於真正利他的愛，陷入愛河的感受亦是一種執著，且是以心的投射和幻想為基礎；對此的最佳證明是，一旦這些投射改變，戀愛的感受便會消失，有時甚至大相逕庭。貪愛可以非常強大，強大到所執著的人是零缺點，即使實際上他們的缺點有一大籮筐；在此同時，我們也會誇大他們的特質。這種對於實相的扭曲是我們的愛受到個人需求所驅動的徵兆，而非出自對他人真心的關懷。

我們可能曾體驗過無偏私的愛，它並非來自純粹的情緒反應，乃是奠基於反思，進而產生堅定的承諾。此外，也非取決於他人對待我們的方式。佛教修行的目標在於生起這種慈心，真心誠意地希望宇宙內的一切眾生都能快樂，但這顯然並不容易做到。

且讓我們如此推想：不論他人是美麗或醜陋、仁慈或殘酷，都是有情眾生，也跟我們一樣想要離苦得樂；那是他們的權利，也是我們的權利。由於認識到眾生都擁有希望快樂的相同願望和權利，此時可以感受到一種同理心，使我們更接近眾生。在熟悉這種無分別的利他心之後，我們終於感受到一種普世的責任感。

我知道有些人會說：「希望一切眾生都能快樂，這根本不切實際。」──他們認為，從那些和我們有直接關連的眾生開始著手會比較有效，然後再漸漸擴展範圍。他們也認為，把一切眾生視為一個整體是毫無意義的，因為眾生的數目無量無邊。

如換個脈絡來思惟，這類異議可能尚屬中肯，但我們的目標是把仁慈推及到所有能夠體驗安樂與痛苦的生命形態。這種普世的慈心本身便已非常強而有力，沒有必要特別和各個眾生建立關係來使其發揮效用。

隨著時間、帶著耐心，我們將能體驗到這種普世的慈心。顯然，自我中心和相信自我為獨立存在之本體的信念，將無所不用其極地阻止我們。唯有當「獨立自我」的這個概念消褪之後，無條件的慈心（無緣大愛）才有可能實現。但這並不阻礙我們立刻開始培養這種慈心，然後逐步進展。

要從何處著手？

我們必須先從瞋怒與仇恨著手，這兩者是無我慈心的最大障礙。如我們所知的，這些力量極為強大的情緒能夠讓自心顛倒、錯亂，如果不加以控制，它們將帶來毒害，使我們無法品嘗慈愛對待其他眾生的喜悅。

如果你也像其他人一樣認為瞋怒不是負面情緒，而且在某些使你激怒的情況下，暴怒似乎能使你恢復信心和精力，那麼你應該檢視：在那個時刻，你的心是處於什麼狀態？其實，瞋怒所帶來的精力是輕率、盲目的；你甚至無法確切知道它所產生的最終後果是正面、還是負面的。你在發脾氣的時候，會關閉通往理性腦袋的入口。因此，瞋怒的能量相當不可靠，有時候還會促使我們做出具高度破壞性的行為；當瞋怒達到某種強度時，便會使我們完全失去理智，不只可能傷及他人，也會傷害自己。

可喜的是，我們擁有一種與瞋怒抗衡的強大力量，它可用來應付艱難的情境，而且是可受控制的，那就是對治瞋怒最有效的解藥：仁慈、安忍和理性。這些特質所產生的自制與鎮定，常常被詮釋為軟弱的徵兆。我認為，它才是真正的內在力量。悲心在本質上肯定是慈愛、寧靜的，但它卻能賦予強大的力量。容易失去耐性的人既不穩定，對自己也沒有把握。我認為，發洩怒氣才是軟弱的明顯徵兆。

衝突生起時，試著保持謙遜，誠心誠意地尋求公平合理的解決之道。

有些人會佔你的便宜，或者你超然的態度反而激起他人咄咄逼人的回應。那麼，就要採取堅定的態度，同時不失悲心。如果你因堅持立場而必須採取強硬的行動，也不要懷著瞋怒或怨恨去做。

事實上，你應該了解，即使對方似乎要傷害你，但究竟而言，他們卻是在自殘。為了控制本能直覺的自我本位反應——也就是反擊，便要記得你正在努力修持悲心，並且幫助他人不要因為行為的結果而受苦。如果你能採取平心靜氣下所選擇的方法，它們將更有效、強大和順勢而為。

是敵是友

一般而言，會製造這種難題的人不是朋友，而是敵人。因此，如果真的想要從中學習，我們應該把敵人視為自己所能找到的最佳導師。對於培養慈心和悲心而言，修持安忍確有必要，如果沒有敵人，就無法修持安忍。究竟而言，敵人對心的寂靜貢獻最大，因此我們應該對敵人心存感激。此外，當日常生活的情境改變時，敵人也常常轉變成朋友。

我們通常都希望身邊能圍繞著朋友，但我認為，友誼不會來自挑釁、瞋怒、忌妒（嫉妒）或激烈的競爭。仁慈待人，乃是結交朋友的最佳方式。

如果你真的在乎、關心他人的福祉，將會擁有更多的朋友，引出更多的笑容。你會從中得到什麼呢？就是當你有所需要的時候，你會得到大量的支持。如果你忽略他人的快樂，就長遠而言，你終將成為失敗者。

我喜歡笑聲，但笑聲有不同的種類，若是虛偽造假、譏諷挖苦，或是圓滑老練、偽善矯情的笑聲，這些笑聲使人起疑，甚至渾身起雞皮疙瘩。真誠的笑聲則能創造清新的印象；我認為這是人類的一個特徵。

擊敗內在的敵人

瞋怒和仇恨是真正的敵人。我們需要作戰和降伏的對象是瞋怒和仇恨，而不是暫時的敵人。由於我們尚未修持自心，藉以削減它們製造傷害的力量，這些情緒便持續擾亂且抵消我們追求內在寂靜所做的一切努力。

為了根除瞋怒和仇恨的毀滅性潛能，我們必須了解，它們乃根源於「損人利己」的追求。這不僅是瞋怒之根，也是所有困擾之源。由於它有賴於那種阻止我們看清事物真實本質的誤導覺知，因此渴望培養慈心與悲心的人必須了解到這個內在敵人的虛幻本質，以及它如何無可避免地製造惡果。

對此，我們必須先了知自心。在運用一種幾近科學的觀察方式，仔細研究心的運作模式後，我們發現心的狀態會因為它覺知的對境、覺知對境的方式、覺知的強度等等而有所不同。我們必須區分心的所有狀態，看看哪些是有用而應受到鼓勵，又有哪些會引起艱困而需要根除。這類分析應該是佛法行者的必要修持。

佛典談到八萬四千種有害的念頭，同時也教導了八萬四千法門予以對治。因此，切勿期望你能像變魔術一樣找到靈丹妙藥，使心遠離所有困擾。為了獲得顯著的結果，我們就必須以耐心和決心，長期應用許多不同的法門。不要期待你才踏上佛法修行的道路，就能立刻獲致覺醒證悟！

具有慈心與悲心的佛陀法教常常談及這類格言：「切莫憂心個人的福祉，而應掛慮他人的安樂。」一如此的準則有時候會使人害怕，但我們需要就其背景脈絡來了解，也就是其宗旨乃在於教導我們真誠關懷他人之苦，並藉此作為修學。

在照顧他人之前，必須先能夠愛自己。愛自己並非基於一切都該自行負責的個人虧欠感，而是純粹基於以下的事實：在本質上，我們都想要離苦得樂。唯有在同意我們應該要善待自己之後，才有可能推及其他眾生。

無有偏私

真正的悲心必然是普世而無有偏私的，為了培養這種悲心，必須先對一切眾生生起無私的態度。根據佛教的說法，今生的親友，可能是我們前世的最大敵人。相同的道理也適用於今生的敵人。即使他們今生對我造成了巨大的傷害，但在過去世裡，卻可能曾是自己最好的朋友，甚或母親。若能思量人際關係變動互換的本質——也就是人人都可能轉而為友、轉而為敵的道理，我們將可學著以中立的觀點來看待事物。

這種修心需要特定的無執，但再次地，我們必須了解無執的意義。有些人認為，佛教的無執與漠不關心是同義字，但這是錯誤的想法。無執純粹是避免膚淺的考量，包括把某一人歸類為友，另一人歸類為敵，進而產生所有的情緒。無有執著和冷漠待人是相對的，它乃是我們對一切眾生無有偏袒而生起真正悲心的基礎。

頂果欽哲仁波切：痛苦的煉丹術

藉由真誠地修學自他交換法，最後你將能承擔和治癒他人的疾病，並且賦予快樂。此外，如果你用自己的快樂和寧靜來交換心懷惡意者、甚至是企圖奪取人命的邪靈之痛苦和仇恨，那麼這些人和惡靈將無力傷害你或其他任何人。

有些不可思議的口訣教導詳盡地解釋如何更有效地修持自他交換法。首先，重點是，我們必須對一切眾生生起由衷的溫暖、體察和悲心。為此，我們先要思量那些對你一向非常慈愛的人；在大多數的情況下，這個人可能是你的母親。憶念她的仁慈：她賦予你生命，飽受懷胎的不適和生產的痛苦，以及不遺餘力地把你扶養長大。她隨時都願意為你犧牲，把你的福祉擺在最前面。

在你生起強烈的慈心和悲心之後，想像她在你眼前承受極大的痛苦，被拖倒在地或遭受折磨。接著想像她餓得只剩下皮包骨，並對你伸手乞求：「我的孩子，有食物給我吃嗎？」想像她投胎為畜生，成為被獵人和獵狗追逐的受驚母鹿。為了逃避追捕，牠在驚慌之餘躍下深淵，跌落懸崖，粉身碎骨而痛苦難耐。牠沒有斷氣，卻無法動彈，最後仍無法逃離獵人的刀下。

繼續想像母親（或被你當做禪修對象的人）經歷接踵而至的苦境，強烈的悲心因而無法自抑地湧起。在那個時刻，把悲心轉向一切有情，了解到每個眾生必定曾多次為你的母親，而且和你今生的母親一樣，值得受到慈心與悲心的同等對待。重要的是，你也必需把敵人或惹是生非者包含在內。

深切思量所有眾生在痛苦輪迴中永無止境、流轉徘徊所經歷的一切。想想那些無法自理的年邁體弱者；生病、痛苦的人；絕望無助、窮困潦倒，甚至欠缺基本所需的人；飽受飢荒、又餓又渴的人；眼盲的人；心靈困頓，欠缺佛法滋養，無法看見真諦的人。想想所有受到自心奴役而受苦，時時因為貪愛和瞋怒而發狂的人，以及不停傷害他人的人。觀想所有這些有情眾生聚集在你的面前，並在心中栩栩如生地生起他們所承受的種種痛苦。

你懷著強烈的悲心，開始修持自他交換法。心中想著所有受苦的人，在呼氣時，把你的一切快樂，包括所有的活力、功德、幸運、健康和享樂，都以清新、撫慰、明亮的白色甘露，隨著呼吸而帶給受苦的眾生。在此同時，你祈求：「願這些快樂傳送到敵人身上，完完全全地送給他人！」觀想他們吸收了白色甘露而獲得一切所需。如果他們因此壽命短暫，就想像他們因此得以延壽；如果他們需要金錢，就想像他們因此得以富裕。如果他們生病不適，就想像他們因此得以病癒；如果他們並不快樂，就想像他們充滿喜悅地想要載歌載舞。

當你吸氣時，想像其他眾生的疾病、障蔽和心毒，全都以一團黑暗的形式吸入，他們的痛苦因而完全抒解。想像他們的痛苦像山間薄霧被風吹送那般輕易地來到你面前。當你吸入他們的痛苦時，感受到與空性覺受相融的大喜大樂。如此一再重複修持，直到它成為你的第二天性。

這個珍貴、必要的修行法門可在座上和座下修持。不論你是生病或健康，於日常活動之中，隨時隨地都可以運用這個法門。

有時候，觀想你的心臟是一顆明亮燦爛的光球。當你呼氣時，它向各個方向散放白色的光芒，把自己的快樂帶給一切眾生。在你吸氣時，他們的痛苦、負面事物和災難不幸全都以濃厚的黑光來到你面前，融入你的心，不留痕跡地消失在它明亮燦爛的白光之中，從而抒解一切眾生的苦痛與悲傷。

有時候，觀想自己轉化為有著藍寶石般明亮燦爛的如意寶，稍微比你的身體再大一點，位於一頂尊勝幢的上方。如意寶能任運成辦所有祈願者的需求與願望。

有時候，觀想你的身體倍增為無限個自己，穿梭整個宇宙，立即承擔每個所遇眾生的痛苦，並把你所有的快樂贈予他們。

我們也可以用自他交換法來處理引起諸多痛苦的負面情緒，任何一種都行，例如：運用貪愛來修持自他交換法。貪愛是指我們對人或物所產生的那種難以抑制的喜愛和執著。

一開始先思量，如果可以調伏貪愛，便能夠達到覺醒證悟，進而以最好的方式幫助眾生成佛。接著，想想你不喜歡的人，對他生起大悲心，把他所有的貪愛加入你的貪愛之中，並想像你承擔這個貪愛時，對方獲得了解脫自在。你逐步承擔一切眾生的貪愛，不論它是否明顯或隱藏，並在這麼做的時候，想像一切眾生都因此離於貪愛，達到覺醒證悟。這是根據世俗諦來觀修承擔負面情緒的方式。

若是根據勝義諦來觀修，就必須先生起一種勢不可擋的貪愛，接著加入一切眾生的貪愛來助長其勢，製造大量的貪愛。然後，正視這個貪愛。你會發現，貪愛只不過是念頭而已；它雖然在心中顯現，其本身卻甚至連絲毫的獨立存在都沒有。當你把心轉向內在而檢視其本身時，你也會覺察到，不論現在、過去或未來，心本身並無任何本具的存在。心的本質有如天空一般不具實體。

相同的方法也可以用來觀修瞋怒、驕慢、嫉妒和無明，以及障蔽此心的任何其他事物。

在所有的菩薩修行法門之中，自他交換法最為重要。沒有任何障礙可以破壞或中斷這個法門。它不只能幫助其他眾生，也可以為你帶來覺醒證悟。身為初學者，你或許無法為眾生帶來太多的外在協助，但你應該持續觀修慈心與悲心，直到你整個人充滿慈悲為止。

賈色托美：充滿悲心的一生

~摘自巴登耶喜（Palden Yeshe）所著之賈色托美傳記

賈色托美十六歲的時候，一個寺院功德主要求他前往薩迦寺進行一項重要的任務，並在隔日返回。在前往薩迦寺半途的一片荒野上，年輕的賈色托美碰到一隻快要餓死的母狗，餓得快要吃掉自己的孩子。他對眼前這一幕深感憐憫，不知道能夠幫上什麼忙，於是決定帶著狗兒返回他所待的哦寺。然後，他就得連夜趕路，才能補上之前所用掉的時間。他把狗扛在背上，朝哦寺出發；儘管這麼做很不容易，但他終究返抵寺院，並把牠們安頓好。再度出發前，他心想最好能先喝一口水；就在此時，他遇見那位功德主。

功德主看見賈色托美還在哦寺，吃驚地問：「嘿，你不是已經出發了？」托美說明了箇中原委，換來一頓臭罵：「有那麼重要的事情得緊急處理，你卻在這裡大發慈悲！」

托美受到嚴厲的責難，連一口水都不敢喝，立刻出發。他連夜趕路，在清晨抵達薩迦寺並完成任務，隨即折返，於日落之前返抵哦寺。那位功德主見到這個情形大為訝異，並乞求托美原諒他的責難，接著說：「你所做的一切真令人讚嘆！」

另一次，賈色托美大約二十歲，當時哦寺所有的僧人正要離開寺院而前往卻巴（Chobar），他看見一位瘸腿的女子在寺院大門口哭泣。托美問她為何傷心？女子解釋，她哭泣是因為僧人都要離開，留下她一人，就沒有人給她食物了。托美要她不可以絕望，承諾會回來接她。他帶著自己的東西前往卻巴，休息一會兒之後，又帶著繩索離開。朋友從遠處叫喚，問他要上哪兒去，托美回答：他要去接瘸腿的女子，但大家都不相信。

他回到哦寺之後，發現自己根本揹不動女子和她的東西。於是，他先揹著女子的衣物和墊子走了一段距離之後，又回去揹女子；就這樣輪流揹負女子和她的東西，最後終於抵達了卻巴。朋友們起先以為托美只是去採集木柴，看到這個情景之後都大為吃驚。

賈色托美大約三十歲的時候，有個全身長滿蝨子的生病乞丐常常待在他門外附近。為了避免張揚，托美常常趁著夜裡，小心翼翼地把食物和飲料帶給乞丐。但有一天晚上，乞丐不在老地方，於是托美出發尋找，最後終於在破曉之際找到乞丐，便問對方為何離開。

「有些人對我說，我既不堪入目，又令人作嘔，他們從我身邊經過的時候，連看都無法看我一眼。他們把我踢了出去。」乞丐說。

托美聽到這些話之後，生起了難以自抑的悲心而低泣流淚。當天傍晚，他把乞丐帶到房間，將自己那份食物和飲料給他，用新袍子來交換乞丐的破舊衣服，還把它們穿在身上，用自己的身體來餵養蝨子。

不久之後，托美看起來好像得了痲瘋病或其他疾病那般虛弱無力，必須暫停傳法。朋友和弟子都前來探望，納悶他何以病得這麼嚴重？在看到他本人之後，他們很快就明白了。

「你為什麼不肯再好好做個修行者？」他們勸誡托美。有些人引經據典：「如果你的悲心並非全然清淨，就不要布施身體。」其他人向他乞求：「為了你和我們，請不要再這樣下去了。除掉這些蝨子吧！」

但托美說：「從無始以來，我已經擁有那麼多次的人身，卻都讓它們一一虛耗；現在，即使我今天死去，至少還做了一件有意義的事。我才不會除掉這些蝨子。」

他繼續餵養蝨子十七天，不過它們卻漸漸死去，直到他身上完全沒有蝨子。他對著死蝨子持誦咒語，並用它們來製作「擦擦」（tsa tsas）[29]。大家都對他的清淨心和慈悲心感到不可思議，他成為家喻戶曉的賈色千波（Gyalse Chenpo），也就是「偉大的菩薩」。

由於托美的悲心如此深切，以致他不僅能幫助、轉化人，也能幫助、轉化動物。例如：在托美面前，相互為敵的狼和羊、鹿都會忘卻牠們的殘酷和恐懼，平和地一起玩耍，恭敬地聆聽開示。

有一次，一位觀修脈、氣的閉關修士遇到了修行障礙而心智失控，四處裸奔。一頭野母羊遇見這位閉關修士，繞著他團團轉，作勢要用羊角頂撞他。閉關修士見狀，便恢復了自制，知道自己剛剛發生了什麼事。托美聽聞此事之後，笑著說那頭母羊乃是驅除大禪修者障礙的專家。托美生病時，這頭母羊顯示出許多痛苦的徵兆。他過世三天之後，母羊也突然在托美隱居處的下方死去。

賈色托美寧靜、自制又仁慈，每個待在他身邊的人都自然而然地變得對世俗的掛慮了無執著。

在生命的最後幾個月，他先示顯病兆，激勵悲傷的弟子精進修行，其後再教導他們如何把疾病用於修道。他說自己應是無藥可醫，但為了平撫弟子的心情，仍然服用了一些藥物，並讓人們為他念誦祈願、舉行法會。

有人問托美是否有任何方法可以延長他的壽命時，托美說：「如果我的疾病能利益眾生，願我受到疾病的加持！如果我的死亡能利益眾生，願我受到死亡的加持！如果我的健康能利益眾生，願我受到康復的加持！這是我對三寶所做的祈願。我完全確信，不論發生什麼事情，都是三寶的加持，我對此感到高興。我應該把任何發生在我身上的事情用於修道，而非試圖去改變任何事情。」

親近的弟子乞求他考慮接受治療或任何其他能夠帶來利益的方法，但托美說：「我的大限已至，也病入膏肓，即使醫術精湛的醫師用甘露般的藥物來治療，也不太可能有什麼幫助。」他又說：

29擦擦是一種佛塔形狀的小塑像，象徵佛陀的證悟心，通常以陶土製成。製作者會把舍利子，或亡者、動物的骨灰、骨頭，與願文、陶土相混而結合成擦擦，祈求後者能離於下三道，證悟成佛。

如果這個讓我執著為自身的虛幻肉體病了，就讓它病吧！
此疾病能夠耗盡我過去所累積的惡業，
然後我就可以從事修行，
而這些修行將有助於清淨二障[30]。

如果我身強體健，我為此感到開心，
因為身心健康時，
我可以提升修行，
使身、語、意轉向善法，
賦予人身真正的意義。

如果我窮困潦倒，我為此感到開心，
因為我沒有要保護的財富，
且知道所有的爭端與仇恨，
都是從貪婪和執著的種子萌芽而來。

如果我富裕，我為此感到開心，
因為我可以用財富來從事更多善行，
而短暫和究竟的安樂，
皆為種種善行的果報。

如果我即將死去，則實屬殊勝，
因為在那良善潛藏力的協助下，
我相信自己應能在任何障礙干預前，
進入無有謬誤的修道。

如果我長命百歲，我為此感到開心，
因為這樣便可不離修道教言的溫暖、利益之雨
一段長久的時間之後，
使得內在覺受的穀物完全成熟。

30 二障是指所知障和煩惱障。

因此，不論發生什麼事情，
我都會感到開心！

然後托美繼續說道：「我向來都教導別人這些口訣教言，現在自己也必須修持。話說：『所謂的疾病沒有真實的存在，但在如幻現象的呈現之中，卻顯現為不可避免的惡業之果。疾病是指出輪迴本質的導師，顯示現象雖然有所呈現，卻如幻相般不具真實存在。以對自己的痛苦生起安忍、對他人的痛苦生起悲心而言，疾病為我們提供了基礎。正是在如此艱困的情境下，我們的修行才會得到真正的考驗。』

「如果我死了，便可以解除疾病所帶來的痛苦。我想不起來自己還有什麼未竟之事。此外，我了解到，若能把死亡當作修行的圓滿結行，會是多麼稀有難得的機會。這是我不希求痊癒的原因。儘管如此，在我死去之前，你們還是可以圓滿所有的法會。」

第八章：六度

若將為利一切眾生誓願成佛的利他欲望比喻為踏上一段旅程，則旅程本身就是修持布施、持戒、安忍、精進、禪定和智慧等六度（或稱六波羅密，六種出世善德）。這六種修持能圓滿成就功德與智慧，而在修持時，唯有當行者了解到「三輪體空」，也就是主體、客體和行為本身這三種面向空無本具實相的道理，這六種善德才能真正稱為「出世」（transcendent，梵語Paramita：度或波羅密多，有「到彼岸」、「事究竟」、「度無極」之意）。換句話說，前五個波羅密必須和第六個智慧波羅密相融，才算是真正的波羅密。舉例來說，布施波羅密不只是布施的行為，也是了無「我」和「我的」見地的自然展現。因此，它發揮了兩種功能：抒解陷於困境者眼前的痛苦，以及幫助修持此一波羅密的人達至覺醒證悟，而覺醒證悟便是對治痛苦的究竟解藥。

薩迦班智達

具有圓滿清淨見地、離於戲論的強健身體，
具有圓滿清淨禪修、離於放逸散亂的四肢，
具有圓滿清淨行止、藍綠色的鬃毛，
這是如雪獅般的禪修者。

身穿利益眾生、成就無盡的盔甲，
騎乘受到勇氣驅策、具備二種資糧的馬匹，
佩帶斬殺心毒的智慧之劍，
這是如沙場英雄的禪修者。

擁有三種無垢戒律的寶藏，
施予眾生財物，使其免於恐懼，
並藉由法布施，帶領眾生走上解脫之道，
這是聚集眾生為己努力的禪修者。

上述為三種無上的禪修者。

直貢東竹卻賈

於布施時了無期待，就像是播種者所具的信心：
該生長的就會生長，不會有所喪失。
因此應當汲取你布施的精要，
此乃我衷心的忠告。

三戒[31]有如英雄之劍。
能斬斷負面情緒所隱藏的輪迴束縛。
要保持正念，小心謹慎，充滿自制，
此乃我衷心的忠告。

安忍有如堅不可摧的盔甲，

31 這三種戒律是分別為：避免惡行；盡力行善；幫助眾生。

使得瞋怒無法穿刺：
在此盔甲的保護下，
善德便會增長。
藉由安忍，能獲得佛陀的相好莊嚴，
此乃我衷心的忠告。

三種精進[32]有如馬刺，
能驅策上好的坐騎飛奔前進。
持有這三種精進，
無上佛法將迅速使你脫離輪迴。
運用此一無上法門來達成究竟目標，
此乃我衷心的忠告。

禪定有如一座廣大的宮殿。
藉由寂靜安住其中，
便能暫時離於輪迴。

要訓練自己無放逸地住於甚深禪定，
此乃我衷心的忠告。

智慧有如無瑕之眼，
其所見可穿透所有現象而無有錯亂，
要維繫此一解脫道的火炬，
此乃我衷心的忠告。

吉美林巴

充滿慈愛與悲心的善德，
若為一切眾生而修，稱為布施。
若能離於自私自利，稱為持戒。

32三種精進分別為：（一）如盔甲般的精進（被甲精進或披甲精進），對抗所有的逆緣；（二）行動的精進（攝善精進），把覺醒的道路引至圓滿的境界；（三）從不滿足的精進（利樂精進），對我們已經完成的事物永不滿足，永遠不讓我們所立下的誓戒有所式微或消褪。

若因他人孜孜不倦，稱為安忍。

若由充滿活力的喜悅來做，稱為精進

若以心一境性的正念而行，稱為禪定。

若於萬事萬物能不執實有，稱為智慧。

六波羅密與此等善德永不分離。

阿底峽尊者

「修道的最佳要素為何？」庫（Khu）、俄（Ngok）、仲（Drom）三人問阿底峽尊者。

阿底峽尊者回答：

最佳的學者是了悟萬法不具實有者。

最佳的僧人是已然降伏其心者。

最佳的功德是勝妙之利他。

最佳的教言是時時觀照自心。

最佳的藥石是了知一切皆不具獨立存在。
最佳的行止是不隨波逐流。
最佳的成就是漸漸減少負面情緒。
最佳的成就徵兆是貪欲逐步消褪。
最佳的布施是無有貪執。
最佳的持戒是調伏自心。
最佳的安忍是虛心謙遜。
最佳的精進是捨棄俗務。
最佳的禪定是對於心的狀態不作修整。
最佳的智慧是不信事物真實存在。
最佳的上師是攻擊你隱藏過失者。
最佳的教言是擊中你祕密過失者。
最佳的友伴是正念和警覺。
最佳的修行誘因是敵人、障礙、疾病和痛苦。
最佳的法門是不修整自心。
最佳的利益是促使某人踏上佛法之道。

最佳的助人法是讓人心轉向解脫之道。

格西波多瓦仁千瑟

從無可記憶的時間以來，
我們因為不識自心，
在輪迴三界的廣大苦海中流轉。
這種錯解來自我們的障蔽，
這些障蔽則肇因於從未能獲得福德與智慧；
此等無明又來自欠缺信心；
而之所以欠缺信心，乃因為從未將死亡謹記於心。

如今你因為輪迴之苦而感到害怕，
想要獲得解脫和成佛的遍智；
為達此一目的，就必須識得自心。
為能識得自心，就必須清淨障蔽，
為了清淨障蔽，需要功德與智慧。

想要獲得此二，信心乃不可或缺。
心中若無死亡，
便不會生起真正的信心。
當你確實思量死亡，
將會發現除了佛法之外，其他全然無用。
世俗的完美事物於你將再無絲毫的吸引。

一、布施波羅密

直貢東竹卻賈

積聚的財富如同蜂蜜；
耗盡自身力氣，且最終由他人享用，而非自己。
應當積聚福德，並且修持安忍，
此乃是我衷心的忠告！

米龐仁波切

即使執著財物，
除了留下、放棄一切之外，我別無選擇。
因此我將培養布施，
獲得對今生和來世最有利益的事物！

布施即使微小，卻能產生極大效益；
鉅富的利益則微乎其微。
就算我因過往布施，今生能得富裕，
若於此生無所布施，來生則將貧困。

對於財富，我們累積、保護、失去。
財富的過患無可計數！
即使大地覆滿了財富，
眾生的貪欲依然永不饜足。

除了食物、住處以及其他幾樣東西，
所有一切皆屬累贅，都會造成折磨。
若能行使布施，你的財富將會增長，
有如河水於夏季時那般滿溢。

甘珠爾仁波切

布施的本質是對物質的財富了無執著，並對其他眾生懷著願意付出、大方樂施的態度。布施可分為財施、無畏施和法施三種。

財施

初學菩薩行的人會發現自己常因吝嗇而有所受限、阻礙，甚至連布施食物都很困難；對於修持布施菩薩行來說，這種狀況尤為明顯。他們必須逐步訓練自己，就像人們所說的那則故事一般，先練習把小物品從這隻手布施給自己的另一隻手，最後便能夠慷慨布施。

無畏施

無畏施是保護身繫囹圄，或受到處罰、折磨者的生命，其對象包括受到獵人追捕的野生動物，將被送入屠宰場的牛羊，以及那些遭遇疾病、邪靈侵擾而有生命危險的人。它也意謂著要修持自心，培養令一切眾生從無盡輪迴痛苦中解脫的願望，因為輪迴是不斷的恐懼之源，故而要將眾生帶往涅槃的圓滿自在。

初學者應該依據自己的實際能力來修持布施。如果尚無能力布施難以布施的事物，卻魯莽地不自量力，不但會使自己陷入沮喪和懊悔，還可能面臨喪失菩提心的風險。

法施

真正的法施是根據對方的根器來傳授教導。然而，對於修行程度尚屬發願行持（the level of aspirational practice）階段的人來說，難以用這種方式來布施法教，因為他們還無法從字面上或意義上來清晰地闡釋佛法。在這個階段，人們應該考慮把菩提心做為主要的修行，懷著正念和警覺來精進修持，根據上師的教導以清除染污的情緒。

對於那些心得自在、不受世間八法影響、不因忙碌而有散亂的人而言，利益其他眾生則是最主要的行持。此時應該根據其他眾生的類型、根器、願求和個性來教導包括業力法則到大圓滿法教等等的佛法。

二、持戒波羅密

持戒的本質是下定決心避免傷害其他眾生，甚至包括避免生起傷害其他眾生的想法。持戒是放棄所有違背戒律之事。我們可從三個方向來闡釋持戒的法教：（一）避免身、語、意的惡行；（二）從事善行；（三）利益其他眾生。

三、安忍波羅密

岡波巴

如果修持安忍純粹是出於自私自利，而不是為了利益其他眾生，這就好比滿腦子只想殺死老鼠的貓一般。

甘珠爾仁波切

安忍的本質即是忍受痛苦的能力。它是一片沃土，能讓佛法之花（也就是三戒）在其中生長，並散播自身美好功德的芳香。三種安忍有如環繞佛法之花的護欄。第一種安忍是指努力追求「為利益自己和其他眾生而成佛」這兩個目標時，忍受其中的痛苦與艱難（安受苦忍）；第二種安忍是指忍受他人加諸傷害的能力（耐怨害忍）；第三種安忍是指了無憂懼地面對、質疑空性的教法或其他甚深法教的能力（諦察法忍）。

瞋怒所衍生的禍害，無窮無盡。正如我們無法移除荊棘叢中的所有荊棘（因此唯一可以避免受害的方式便是不要前去，或是穿上皮鞋），我們也無法終止災難不幸的突然襲擊。當我們遇見不想面對的事物而感到惱怒、氣餒時，會經歷難以控制的怒氣和怨恨等衝動，大家的心都是如此受到影響。首先出現的狀況是，我們對某個特定情境產生了討厭、不要的覺知，不悅的感受於焉生起。然而，如果能在那種衝動變得強硬、穩固之前加以控制，將可證明精進修持安忍乃是我們的好友。就如俗諺所說的：「打豬對豬鼻，趁熱清油燈。」[33]

面對批評時，耳根（聽覺器官）和耳識相互影響，因而讓批評的話語激起強烈的不悅感受。我們感到椎心刺骨的痛苦，彷彿有一把箭穿透心臟，將其撕裂。儘管如此，如果能夠適當檢視情況，便會發現語言文字的本身如同迴音；即使它們看起來正中要害，卻無法帶來真正的損傷。不過，在這種情況下，通常會發生什麼狀況呢？我們的慣性思考方式把語言文字和其所指稱的對象劃上等號，把這些話語視為實際有害，於是引發了攻擊者與被攻擊者之間的相互作用。我們因而感到困擾痛苦。

就目前而言，所有身心痛苦的起因，例如：毆打、爭鬥、搶奪、殺戮等等，似乎都來自他人，但事實上，它們完全源於我們自身。它們有如渾厚有力的迴音自行回返源頭。如果沒有我執，就沒有敵人可攻擊的對象，因此我們應該反思自己過去的行為，看看它是如何引起衝突。

此外，若能加以思考，我們便會發現，安忍只可能從逆境中生起。由於敵人的敵意，我們才能夠搭乘安忍之船，航行於大乘之洋，並取得菩提心珍寶，也就是自己與他人立即與究竟的利益之源。因此，我們應該把敵人視為安忍的對境與源頭。他們配得上如對待殊勝佛法那般的方式來作供養！

---

33 如果我們用棍子對著豬鼻子打，那麼猛衝過來、怒火中燒的豬會因驚嚇而立即逃走。在酥油變硬之前，趁熱清潔油燈會容易許多。

就安忍和究竟實相的關係而言，反思以下要點有其重要性。如果仔細探究「傷害」是在侵略者身上、行為本身或被侵略的受害者身上，我們會發現，傷害其實無處可尋。如我們所解釋的，不同的因緣在同一個時間聚合時，心因為其構築情境的習性，而在彼時彼地虛構了問題。如果我們審視這個心，將發現它並不具有任何恆常不變的特徵。

在試著於水面上描繪圖案時，圖案在畫下的那一剎那就消失無蹤。同樣的，一旦我們讓充滿敵意暴力的念頭平息下來（因為它無法在沒有其他因素支持下自行停駐），心就會顯現出一種全然清淨開闊的狀態，也就是離於概念分別的本初勝妙空性。在中觀的甚深道路上，保持這種開放的狀態、這種純粹的當下，被稱為「煩惱清淨於勝義諦中」（purification of negative emotions in ultimate reality）；在這種狀態裡，無得、無失，無迎、無拒，也不會因其他事物而分心散亂。

總而言之，安忍的修持有三個階段：真誠欣然地接受困境（安受苦忍）；容忍他人的錯誤行為（耐怨害忍）；無畏無懼地相信究竟實相（諦察法忍）。如果我們欠缺第三種安忍，則另外兩種安忍將永遠無法超越世俗的道路。另一方面，如果前兩種安忍有所欠缺或修為薄弱，那麼不論我們多麼希望透過修持布施和其他五波羅密來獲得修道的福德與果實，都將難以達到希望的目標。這好比獨自前往某處，卻沒有護衛，困難重重地行走在敵人、盜匪和野獸常常出沒的道路上。因此之故，我們應該鼓起勇氣，修持安忍，培養心的力量。

千噶瓦羅卓嘉岑

若想尋求快樂，
首要容忍苦痛。
若是沒有眼淚，
不懂欣賞歡笑。

寂天大師

惡意之眾如虛空般無所不在，
你不可能完全加以壓制。
但若僅是打倒瞋怒之心，
就彷彿降伏了一切敵人。

想用皮革鋪滿所有地面——
上哪兒去找這麼多皮革？
但若僅在腳上穿了皮鞋，
就彷彿用皮革鋪滿地面！……

上千時節所積聚的善行，
例如：布施，
以及供養寂樂諸佛——
一念瞋怒就會使其粉碎。

沒有惡行可與瞋怒比擬，
沒有苦行可與安忍比擬，
因此之故，應當持續
用各種方式浸潤於安忍之中。

受瞋怒之苦所折磨的人，
從不了知心之寂靜——
他們不識任何歡樂；
既無法入眠，亦缺乏安全感……

當煩惱來襲，若有對治解藥，
哪還需要灰心喪志？
如果沒有補救之道，
悶悶不樂又有何用？……

我對自己的壞脾氣和其他情緒都不發火——
而它們卻是悲傷和痛苦的豐沛泉源！
那麼為什麼要對眾生動怒？
他們也只是受到情境驅使……

儘管是來者的棍棒傷了我，

我卻對揮舞棍棒打我的人生氣，
他們不過是受到仇恨驅使，
所以我應該對他們的仇恨發怒……

因而，如同家中尋獲的寶藏，
如此得來全不費功夫，
敵人乃是我菩薩事業的助手，
所以應當是我的喜悅。

感謝敵人，
讓我的安忍增長，
我應該把安忍的第一個果實獻給他們，
因為他們向來是我的安忍之源。

雪謙嘉察

對於加諸己身的傷害，要檢視它的真正本質。〔你將發現〕它的真正本質有如水面作畫那般難以捉摸，讓你的怨恨自行平息。當念頭的洶湧波濤消失，心便如無雲晴空一樣，沒有所謂的勝負輸贏。

巴楚仁波切：某位閉關修士的安忍考驗

～這個故事來自紐殊堪仁波切的口述，並由作者記錄。

確保修行者能維持警覺、專注修學，同時避免自得意滿，乃是巴楚仁波切主要的關切重點之一。一天，巴楚仁波切聽說有位閉關修士已徹底與世隔絕而獨居了很長一段時間，於是決定前往拜訪。他並未提前通知，就自行抵達了閉關修士所在的洞穴，帶著懷疑的意味和詭譎的笑容坐在洞穴一角。

「你從哪兒來，要往哪兒去？」閉關修士問。

「我從自身腳步帶我所來之處而來，要往自身面前所在之方而去，」巴楚回答。

閉關修士困惑地繼續問道：「你在哪兒出生？」

「在這片大地上。」

閉關修士不確定該如何對待這位不請自來的訪客。過了一會兒之後，巴楚問閉關修士為何要居住在離群索居之處。

「我在這裡已經待了二十年，此時正在觀修安忍波羅密。」閉關修士毫不猶豫地回答，語氣裡還帶著一絲驕傲。

「這太好了！」巴楚仁波切大叫，並欠身向閉關修士靠去，彷彿要對他吐露祕密般地在他耳邊悄聲說道：「我們這兩位老騙子還不賴嘛，對不對？」

閉關修士隨即暴怒地說：「你以為你是哪根蔥，寡廉鮮恥地來這裡打擾我的閉關？是誰要你來這裡的？你就不能讓我這種謙卑的修行者安靜清修嗎？」

「如今，閣下的安忍去哪兒了？」巴楚平靜地問。

朗日塘巴

～眾多文本都記錄了關於朗日塘巴的著名軼聞。這則故事來自偉大瑜伽士夏嘎巴的著作。

從前有對夫婦的孩子全都在嬰兒時期夭折。當夫婦又生下了一個孩子之後，便去問卜。他們被告知：「除非孩子的父母說他是某位上師之子，這個孩子才能活得下來。」於是，母親帶著親生兒子來到偉大聖哲朗日塘巴的禪修洞穴，把孩子放在他面前說：「這是你的兒子。」閉關修士朗日塘巴未置一詞，並在附近一位虔誠婦女的協助下將孩子扶養長大。隨著時間過去，清淨僧人朗日塘巴已然犯戒的謠言四起。幾年之後，男孩的父母恭敬地前來探望閉關修士，獻上大量的供養。「我們乞求您的原諒。您並未做錯任何事情，但我們卻散播假造的謠言。我們的孩子之所以能活下來，都是因為您的仁慈。」朗日塘巴保持一如往常的寧靜，不發一語地把孩子交還給他的親生父母。

受到冤枉的和尚

有一天，熱振（Ratreng）寺的一位和尚被人指控，說他偷盜了一只茶壺；事實上，那只茶壺只是被放錯了地方。和尚向住持表示：「此事雖與我無關，但我該怎麼辦？」住持如此地忠告：「你就接受責難，供茶給所有的僧人。最後，大家便會還你清白。」

和尚依言照辦。當天晚上，他做了一場具有吉兆的好夢，顯示他已全然清淨了整個相續。不久之後，人們找到那只茶壺，和尚也洗刷了冤屈。當住持聽到這個消息之後，他說：「此乃如理如法的行止！」

四、精進波羅密

甘珠爾仁波切

三種怠惰

第一種怠惰：人們都逃不過世俗事務的糾纏，不僅埋首其中，還被社會和世俗活動的忙碌弄得昏頭轉向。他們執著所愛、排拒敵手，沈迷於積聚、保存和增長財富，無法從這些掛慮中解脫，有如作繭自縛的蠶。

第二種怠惰：他們因氣餒而怠惰且一蹶不振，還說自己甚至無法達到只消少許艱困便能完成的佛法成就。他們欠缺修持善行的活力，一再拖延。

第三種怠惰：「啥，這種事情我哪有辦法做到？」他們用這種念頭貶低自己，沈緬於如此的抑鬱之中，等於把自己與佛法隔絕。

這種人沈沒於三種怠惰的汪洋之中，沒有獲得解脫自在的機會，彷彿搭上了一艘漏水的船，毫無度至彼岸的希望。

我們應該用充滿勇氣、如盔甲般的精進來克服這三種怠惰，無視任何逆境，絕不違背利他的誓言，而且不論在發心或行動上，都不容許精進有所式微。不論生起什麼樣的修道功德，這種精進在所有情況下都不該退轉。

釋迦牟尼佛

我已教示諸位
通往解脫的法門，
然而諸位當知，
解脫完全取決於你。

密勒日巴

切莫期待速成，
當要真誠修行，直到你嚥下最後一口氣！

頂果欽哲仁波切：說明決心的一則軼事

有一天，大師瑪仁千卻（Ma Rinchen Chok）和蓮師的弟子嘉華邱陽（Gyalwa Choyang）一起在桑耶寺參與辯經比賽[34]。當瑪仁千卻發現自己輸了，就對自己說：「我要前往印度，增長我對法教的知識。」他立即起身，飛奔了好幾英哩，由此展開前往印度的旅程。我們對學習和修道的欲望，應該如瑪仁千卻這般熱切。

揚貢巴

惡習有如老羊皮，
自行捲起而易返。
新習則因情境而易毀。
你無法在剎那間斬斷迷妄。
所有自視為大禪修者之人，
應當投入更多的時間禪修！

密勒日巴

初始，無所來；中途，無所住；最終，無所去。[35]

五、禪定波羅密

甘珠爾仁波切

放棄對財富的執著

世間歡樂有如天空的雲層，此刻出現，下一刻便消失無蹤。人們沈湎於享樂，聲稱享樂是生活之需，存活所不可或缺的事物。然而，生命猶如電

34藏傳佛教常常舉行趣味橫生的佛學比試，針對佛法教義最為艱澀的主題進行辯論。在第八世紀，蓮師和其他大師把佛法引進西藏時，許多藏人前往印度會見佛法的主要持有者，學習梵文，進而能將所有可得的典籍翻譯成藏文。瑪仁千卻是最為訓練有素的第一流譯師之一。

35密勒日巴在此指出，於修行的初始，我們似乎沒有什麼改變。過了一段時間之後，改變發生了，卻不穩定。最後，當修行變得穩定且深刻之後，內在的寂靜、智慧和其他修行的功德就不再受到改變的影響。

光火石，像個迅速消逝的插曲，我們無法延長它的期限，而且自始至終都伴隨著如盜匪般猖獗的三種痛苦，也就是壞苦（變異之苦）、苦苦（身心痛苦之苦），以及無所不在的行苦（諸行無常之苦）。

尤其，財富和享樂是今生和來世的毀壞墮落之因。在這種情況下，眾生有如置身湍急的河川，無法自持地被沖向海洋。他們總是為了積聚、持有和增加財富而痛苦不堪且精疲力竭。他們的心被貪欲牽著走，永不饜足。當他們擁有些許財富時，就變得驕傲自大、瞧不起人。由於害怕失去，反而更加吝嗇，甚至捨不得吃自己的食物，捨不得穿自己的錦衣玉服。其下場就是在下三道的無盡汪洋中流浪徘徊。

經由不當手段、壞心念頭、虛偽狡詐所獲致的珍寶錢財，好比夏日滿是雨水的烏雲般黑暗。它們是今生和來世的苦因。相較於此，貧乏者反而能免於敵人和盜賊的危險。懂得知足，便已抵達富裕的巔峰。

放棄對惡友的執著

整體來說，一般人都是愚蠢的，行為舉止有如被寵壞的孩子。他們的心續充滿邪念，行為盡是不善。他們自讚毀他，（內心）充滿了染污的毒液，態度和行為有如蛇舌般具毒，周圍總是帶著爭鬥的刺人氛圍。對這種人來說，負面的狀態只會持續增加。

放棄對六塵的執著

心是一頭大象，被貪欲欺瞞之毒弄得迷醉發狂，在藉由修持勝觀調伏之前，根本無從覺知其真正的過患，因為它們總是顯現為正面的特質。沒有什麼比感官對境（六塵）更好名無實、更容易讓人受騙了。

以是之故，在這個色身五蘊分解之前——換句話說，當死亡降臨、屍體入殮，由四人抬著或一頭公牛載至墓園之前，我們應該居住在寂靜林間或其他僻靜之處，遠離那些令人忙碌而分心散亂的事務和社會。

讚揚隱居

與世隔絕、人煙罕至之處與山野林間的獨居之地[36]讓人心曠神怡，不會有令人惱怒和對人有害的情況。在這些地方，人們將生起對輪迴的厭倦，

36這些是用來形容遠離聚居處所的傳統名稱。因為遠離聚居處所，這些地方便不會受到凡俗活動的騷擾。

避開社會中那些態度虛偽、從事商農等世俗工作的人。同樣的，人們也不會受到納稅義務、強制服役和種種稅收的騷擾，不再因是否有足夠的錢可以維生而苦惱，從此免於賺錢的困擾和仰賴助手、侍者或任何其他人的需要。在山野林間，只有無憂無慮的鳥禽和野獸；牠們發出的聲音不會令人感到刺耳難受。

良善而崇高的人能在這種地方找到一切所需：不僅水質純淨，還有各種果實和可供食用的植物，豐沛充足地令人欣喜。他們可在岩石間找到天然的洞穴，而草葉構成的住所空間寬敞到可以從事四種活動[37]。如果我們真能覓得如此令人悅意的住所，在樹木的涼蔭下欣喜享用，那該有多麼美妙！

禪定的實際修為

修行者應該於僻靜之地獨處，安住在禪定之中，一刻也不讓自己分心散亂。這是修心的較高境界。

身心是相互關連的，若能採取正確的姿勢，有著風息（氣）的細微脈也將端正而具條理，進而有助於生起心的了證。因此之故，重點是要在安適的座位上，採取毘盧遮那的七支坐。

七支坐分別為：第一，雙腿交盤。第二，眼皮下垂，雙眼沿著鼻樑凝視前方。第三，身體挺直，不向前後左右傾斜。第四，雙肩等齊。第五，下巴微收，鼻子和肚臍呈一直線。第六，舌尖輕抵上顎（上排牙齒的後方）。第七，呼吸緩慢且自然起伏。此七支坐被稱為心的命樹或命軸，有助於防止心的散亂迷失，好比將幼弱的樹苗綁在穩固的支架上那般。

接著，我們必須維持禪定，讓心保有平衡，單單專注於特定的禪定對境，不偏離他處，甚至也不偏離到善法對境之上（更別提惡法對境），以免它陷入模糊不清的空無茫然之中。心所專注的對境不一定會有色相，無論有無，我們都應該不時查探檢視，確定心仍專注在正面的目標上。如此，我們交互進行分析的（觀）和安住的（止）禪修。舉例來說，初學者應該專注於（佛）像，禪修的時間則應該逐漸延長。最後，所有顯現於心、由念頭造作且固著於心的事物，都會消失於空性，也就是究竟實相之中。這並非一種沒有什麼可被覺知的空無狀態。所有現象、色相等等都無礙地顯現，卻不具任何真實的存在，它們欠缺所有具體的屬性，因此我們觀察不到任何真實的事物。

37行、食、坐、臥。

當這個心專注一境、不受念擾，也了無昏沈或掉舉時，稱為「寂止」（calm abiding）或「奢摩他」（shamatha）。圓滿了知心的本初智慧本質，或對禪定對境了無執著，則屬座下禪修、勝觀（insight）或毘婆奢那（vipashyana）。止與觀具有相同的本質。《寶雲經》（Cloud of Jewels）提出了以下的定義：

> 奢摩他是心專注一境之禪定。
> 毘婆奢那是圓滿之明辨洞察。

吉美林巴

一旦思及禪修，就要立即進入當下明覺的正念之流。如此相續而無有間斷，就不會有絲毫犯錯、迷惑或走上歧途的風險。無所覺察會導致我們在痛苦輪迴中流浪。

如果你認得正念，心的迷惑便會自行消失。不論於正念之中生起什麼念頭，只要觀察者保持對正念的認識，注意到念頭正在生起，對於念頭的生起不追隨也不排斥，則念頭不僅會自行消失，還能成為修道的支柱。

未經覺察的念頭暗流彷彿一成不變。它們建立了重複且固定的模式，使無盡的輪迴延續不斷。

以正念認出的念頭有如水面作畫，在描繪的瞬間，即刻消失無蹤，不會製造衍生的串習，也不會鞏固痛苦的輪迴。

札珠雅旺顛津諾布

為了對治由心的不同狀態所引起的禪修過患，我們必須認識五種主要的過患：（一）怠惰（二）忘失教導（三）昏沈掉舉（四）欠缺精進（五）過度精進。

我們可用以下八種對治法：（一）激勵（二）努力（三）信心（四）經由訓練身、語、意所培養的靈活彈性，以此對治怠惰；（五）記憶文字和意義的正念，以此對治忘失；（六）對這些心的狀態保持警覺，以此對治昏沈和掉舉。

在禪修時，若有任何一種過患生起，則要（七）努力運用適當的矯正方法，以此對治欠缺精進。當過患消失而不需再作對治時，應該（八）讓心安住於本然狀態而不作矯正，以此對治過度精進。

當你持續修持寂止時，會經歷到自心逐漸清淨的五個過程。以下五個比喻可用來說明這五個步驟：

（一）禪修有如從懸崖傾瀉而下的瀑布。念頭一個個接踵而來。剛開始，由於你對心的活動已經有所覺察，所以念頭似乎比往常還來得多。

（二）禪修有如急速穿過山間峽谷的溪流。心時而寂靜，時而騷動。

（三）禪修有如流動順暢的寬闊河流。除非受到情境的騷擾，心才會有所動搖，否則都能寂靜地安住於禪修之中。

（四）禪修有如受到水面漣漪影響而微微起伏的湖泊。心的表面微微攪動，但其深處卻保持寂靜且處於當下。

（五）禪修有如靜止的汪洋，是一種無可動搖、無需勤作的禪定。在這種禪定之中，散亂念頭的對治法門誠屬多餘。

「止」可以暫時限制負面情緒，但無法根除；唯有透過「觀」，才能徹底根除之。「觀」是指在座上禪修期間認清一切現象的真實本質，以及在座下禪修期間覺察一切事物的虛幻。因此，「止」是禪修的禪定面向；「觀」是禪修的智慧面向。「止」能使心準備好而進入「觀」，教導修行者一切現象本來就不具有實質的存在。止、觀兩者都應該充滿悲心。止觀雙運，最終將能達到主、客概念盡皆消失的一味（sameness）境界。

六、智慧（般若）波羅密

甘珠爾仁波切

整體來說，智慧有三種：聞慧（聽聞的智慧）、思慧（反思的智慧）和修慧（禪修的智慧）。逐步修學這些智慧，將可圓滿成就毘婆奢那（觀），即本初且無有概念的智慧。這種智慧能摧毀阻止我們證得解脫的染污，並清除阻止我們證得遍智的所知障。首先，它是了知事物甚深本質之究竟實相的無謬智識。其二，它是了知迷妄覺知之內所生一切現象的無謬智識。業與染污使得存有之城難以跨越，但若能具備這種智識，我們就能夠迅速通過，超越痛苦，安適自在地抵達涅槃。

布施等六波羅密互為因果，並且是逐步精巧、漸進提昇的修行安排。它們之所以稱為「出世」（波羅密、度），乃因它們全都結合了出世慧（智慧波羅密）。

直貢吉滇仁波切

石女之子，充滿活力，
攀爬兔角所製的梯子，
吞食日月。
將眾生投入黑暗之洋，
此為相信有我之景象。

惹那林巴

南摩咕嚕！禮敬上師！
我頂禮於蓮師金剛足下，
尊為勝者無量光的化身
從法界的廣大虛空顯現，
了無概念，以圓滿眾生之願。

我，仁千巴（Rinchen Pal），是個不知天高地厚的流浪者，
只適合裸睡，

在此
唱出這首亂無章法之歌，以抒發我狂野之思。

當我思量外在的世界，
我只看見世俗諦的欺瞞表象，
飄渺虛無，欠缺究竟的實相。
我，這位漫無目地的流浪者，擁有寂靜之心。

當我檢視那思惟的心，
我只見到風動般了無痕跡的活動。
於無可執取的存在中，生、死為一。
我，這位漫無目地的流浪者，擁有寂靜之心。

輪迴的痛苦本質
如昨夜之夢那般虛幻：
無法掌握，不具實相。

我，這位漫無目地的流浪者，擁有寂靜之心。

解脫，一切大樂，
唯有自心之清淨本質。
其本性為空，超越任何參照。
我，這位漫無目地的流浪者，擁有寂靜之心。

輪迴與涅槃之二元對立，
只是善與惡的概念。
實際為超越所有參照之無二。
我，這位漫無目地的流浪者，擁有寂靜之心。

第九章：清淨障蔽、積聚福德

在展開漫長旅程之前，為了確保自己能抵達目的地，我們除了要攜帶糧食等必需品之外，還必須去除任何可能造成障礙的事物。在佛法的道路上，這個準備過程相應於「清淨」和「積聚」兩個次第。「清淨」不是洗掉人性的本初不淨，因為如果我們本性為惡，就算試圖使它變得清淨也不會有用；正如即使我們用好幾個世紀的時間來清洗煤炭，也無法把它洗白。我們要做的反而是清淨或移除那遮蔽真實自性或本初善的蓋障；好比從原礦提煉黃金，將其去除雜質，就會顯露出黃金的燦爛和天生的完美。或者有如風兒吹散了遮蔽太陽的雲朵，即使太陽隱藏在雲朵後面，其光芒依然不變且本來就明亮光燦。

佛教將障蔽區分成兩種，並認為它們必須透過上述過程來根除：一是貪、瞋、癡、慢、妒等煩惱障；二是比較細微、會阻止我們看見事物之究竟本質的所知障。

為了達成這種清淨，我們必須完成一些要求和條件；這個過程稱為「積聚福德與智慧」。我們修持前一章所述的布施、持戒、安忍、精進、禪定等五種波羅密來積聚福德，進而透過認清實相之究竟本質來積聚第六種智慧波羅密。

頂果欽哲仁波切

從累劫多生直至目前為止，我們造下無數傷害眾生的惡行，例如藉由說謊、欺騙、偷竊使其蒙受損失，甚或對其攻擊、威脅、殺害。這些負面行為的累積使我們身陷輪迴，也成為在修道上前進的主要障礙。這個障礙餵養了煩惱障和所知障，並且阻擋了我們對佛性的體認。

然而，我們的處境並非完全無望。如噶當派上師所說的：「惡行的唯一好處是它們可以被清淨。」既然負面行為是和合而成的現象，就必然是無常的。如佛陀所說的，沒有任何過患嚴重到無法以四力（four powers）清淨。這四力是清淨所有惡行的有效方法。

第一力是所依力（power of support，或依止力）。在此，「所依」是指我們認可的人或本尊，對其懺悔過失，因此他成為我們清淨之所依。舉例來說，這個所依可能是金剛薩埵[38]、懺罪三十五佛[39]或個人的上師。

第二力是追悔力（power of regret）。當我們了解到，在無數次的輪迴中所經歷的一切痛苦，都源於自己的惡行，此時追悔的心就會自然生起。只要尚未覺察行為的後果，你仍然會像個愚夫，繼續做出蠢事。一旦看清是過去的惡行使你在無盡的輪迴痛苦中流浪，你一定會對曾經犯下的錯誤深感懊悔，完全失去重蹈覆轍的動力。

光是悔恨是不夠的，我們必須使用第三力對治力（power of antidote）來清淨過去的負面行為。所有身、語、意的惡業必須用身、語、意的善業等解藥來對治。你熱切祈願，觀想智慧甘露從金剛薩埵的身體流出，並從你和一切眾生的頭頂傾注而下，充滿全身，徹底洗去所有障蔽、惡業和負面的事物，不留痕跡。你的身體變得全然清淨，如水晶般瑩澈透明，接著金剛薩埵

38 在金剛乘的修行之中，觀想金剛薩埵並持誦金剛薩埵的咒語，是人們用來清淨身、語、意之障蔽的修行法門。就金剛乘的所有修行法門而言，本尊並非被視為具有獨立存在的外在本體，而被視為佛性（如來藏）的面向，原本就在每個眾生之內，代表成佛之本質或潛能，也是一切有情眾生的根本自性。

39 三十五佛具有一種特定的威能，可幫助那些向祂們祈請的眾生清淨其負面的行為。

面帶微笑，化光融入你的身體，然後你感覺金剛薩埵的心和自己的心合而為一，安住在超越任何概念的明空狀態中一段時間。

第四力是決定力（又稱不再造作力，power of resolve），就是下定決心永不再犯這些有害的行為，即使犧牲生命也在所不辭。在此之前，你可能一直無視惡業為苦因的事實，但從現在開始，你沒有理由不做出改變。你不可以認為惡業可以輕易地被清淨，所以從事惡業無關緊要。你必須從骨子裡下定決心，不論發生什麼事，你絕不會做出任何背離佛法的行為，而這需要時時保持正念和精進。

你的障蔽將會因這四力而消失，而覺醒狀態本具的所有特質將會如太陽從雲朵背後浮現那般開始發光發亮。

頂果欽哲仁波切

嗡

大悲薄伽梵金剛薩埵，

色如無垢海螺，身相最為殊勝，

清淨而且光燦，

散放十萬太陽之光耀，
神采奕奕、光芒萬丈之勇者，
了知三有的眾生導師，
三界諸眾的唯一友伴，
慈愛之怙主，悲心之本尊，請聽我訴說。

無始以來，
我走上邪道，喪失見地，
在輪迴存有中流浪徘徊。
累世之中，我誤犯惡業與邪行，
不論我做了哪些惡行，
我都深深自責、追悔。

驕慢的業[40]增長壯大，

40在此，「驕慢」是指我們不顧所有的證據，卻相信有個真正堅實的「我」，並且強烈地主張「我」與「他人」之別。

我沈入輪迴痛苦之汪洋。
燃燒的瞋怒之火把我的生命之流燒得焦黑；
迷妄的深厚黑暗矇蔽了智識。
我的心識在貪欲海岸附近沈沒。
大量的強烈驕慢把我往下壓迫到下三道；
狂暴的忿怒使我在輪迴中翻來覆去，
相信有個自我的惡魔把我緊緊縛住。
我像掉入餘火未盡的火坑那般落入貪婪的深淵，
強烈的痛苦如難忍的火焰般灼燒我。

這些痛苦難以忍受。
在邪惡業力之烈火的如此焚燒之下，
心識和感官的幼芽飽受痛苦，
我虛幻的五蘊肉身因此而被壓垮。
慈悲怙主，你能夠忍受此苦嗎？

我愚蠢且迷妄，是個身負惡業的大罪人，
因業力之故，
我投生為欲界的魯札（Rudra）[41]。
我對此投生感到懊悔！這個業令人精疲力盡！
我厭倦，我悔恨，但業無法改變，
業力如河川的水流，
業力之河怎能立時逆轉？
所有這些都來自個人業果的成熟。

雖然我進入法教，但尚未能遵循，
身、語、意已受到惡業的控制。
在過去無數劫之中，
受到業之猛烈風暴的逼迫，
我在輪迴的黑暗地牢中流浪。
因此怙主，透過您慈悲的加持，

41魯札象徵執著於自我和現象的惡魔，尤其是對無二的謬誤見解。

願您清淨業和煩惱的障蔽，
像慈母那般把我安置好，
明燦如日，煥發如月，
您慈悲的面容令人目眩神迷。

無始以來，受到無明的白內障之蔽，
我的雙眼一直無法覺知您。
眾生之怙主，您現在置身何處？

我因極強勢、極猛烈的業力而驚恐憂懼萬分。
因此，在我因巨大損失而發出渴望悲歎和絕望呼喊時，
慈愛的怙主，除非您現在就慈悲地看顧我，
否則到了某個時候，
當我死亡，我的心離開肉身，與善知識分離，
我將被閻魔（Yama）[42]帶走。
在那時，

沒有世界和親人的陪伴，
我將獨自被業力拖著走。
由於那時我將沒有怙主和皈依，
因此請在此時此刻，毫不延遲，
全力以赴地行使您解脫的事業。

像我這般受業折磨的眾生，
從無始以來就一直做出謬誤的辨別，
因此沒有逃離輪迴三界。
在所有無數的生世之中，
我已擁有無數肉身，
因此，如果把那所有的骨肉聚集在一起，
它們的大小將等同整個世界。
如果把那所有的膿血聚集在一起，

42死神閻羅。

它們將盛滿一大汪洋；
如果把那殘餘的業聚集在一起，
其數量將不可思議，無從描述。

雖然我已歷經三界和生死流轉的過程，
我的行為一直徒勞無益，多麼浪費！
相較於所有這些無數次的投生，
如果我為了無上覺醒證悟之故而有所作為，
那麼即使只有這一生，
這些行為的數量將具有價值。
但如果我沒有實現這個價值而死去，
且因力量強大的業力和煩惱，
而投生於血肉之軀的陷阱裡，
在輪迴流浪，
我便會受困在痛苦難忍的輪迴之中。
如此強烈無盡的痛苦，

都是源自我的惡行和業果。
請您以大悲之心，中斷惡業之流！
逆轉煩惱的業風。

由於無明和強大的業力之故，
我持續在未知的黑暗中流浪徘徊。
您是否會以智慧明燈的光芒來陪伴我？
當我無法忍受業果成熟之際，
您是否會懷著大悲來實行您的事業？
當我落入任性剛愎的深淵，
您是否會以迅捷的悲心之手來抓住我？
當我因勢不可擋的三毒之疾而受苦時，
您是否會用善巧方便的悲心之藥來療癒我？
當我被業果成熟的痛苦火焰燒灼時，
您是否會降下清涼的悲心之流？
當我陷入輪迴的痛苦沼澤時，

您是否會用善巧方便的悲心之鉤把我拉起？
當我一再清淨輪迴三界且證得果位之後，
將不必再請求您崇高的悲心。
但當我因殘餘的業力而依然留在輪迴時，
我還能向誰來請求賜予悲心？

勇父，您擁有悲心的力量，
既然宿緣殘業的力量強大，
請不要含糊曖昧、漠不關心或懶散怠惰，
尊勝的大悲本尊，請誠摯地觀待我，
帶我走出輪迴的泥淖，
迅速引導我達到佛果三身的無上境界。

佚名著作：如何將煩惱取用於證悟道

南摩惹那咕嚕（Namo Ratna Guru）

禮敬珍寶上師！

以下的口訣，教導行者如何藉由兩種菩提心而將貪、瞋等強大妄念取為道用。密續談到要把煩惱取為道用，但若任由煩惱生起而無作為，便將難以達成這個目標。佛經中也有許多法教提及如何運用自心來處理煩惱，並在徹底調伏煩惱的同時，將它們用於修道。

以貪執為例，當它不由自主地生起，或因特定的外在對境而生起時，可以用下列的方法來反思：

「這是貪欲，如果不把它去除、清淨或降伏，將會帶來無法想像的痛苦，最終使我墮入下三道；一旦我能清淨並加以控制，它將使我圓滿成佛。因此，我應該要這麼做。」

接著，如同觀修利他慈心一般，你接受「貪執」這個敵人，讓它越來越壯大。最後，加入一切眾生的貪欲，包括那些潛藏的貪欲，如此一來，它們完全充滿你的心，然後想像眾生因了無貪執而達到成佛的境界。這是使用相對菩提心的修持方法。

你的貪欲巨大如山，但它只源於念頭，其他眾生的貪欲也是如此。貪欲只是心的產物，但若以心觀心時，卻會看到過去的念頭不存在，未來的念頭尚未生起，當下的念頭不具有色相或任何其他可覺知的特徵。念頭如同虛空，沒有獨立的存在。事實上，貪欲只是一個名相，不具有任何實相。

盡可能長時間地安住於這種觀修，這是運用究竟菩提心來處理情緒的方式。然後，用同樣的方法把焦點放在仇恨等負面情緒上。

~我遵循上師的忠告，無有增減地寫下這些字句。願這些把煩惱融入修道之甚深教導的功德與殊勝，廣及虛空的盡頭。

吉美林巴

當禪修初學者尚未養成穩固的習慣時，一旦各種現象生起，例如突然發了一筆大財，將會引發貪欲、瞋怒或迷惑等強烈的負面情緒。但如果你在這些情緒生起的時候直接看著它們，就會發現它們只不過是明覺而已；這就是所謂的「禪修負面情緒的真實面貌」。當你看見這些情緒的真實本質時，散漫的念頭、概念和執著就會自行止息。

注視你面前的虛空，雙眼完全睜開，不論那時你生起什麼念頭，都不要去看生起了什麼，而是去看它從何處生起。如此，念頭將消失無蹤。

甘珠爾仁波切

如果你懷著正念、精細警覺且謹言慎行，從最微小的手勢、每一個字句到每一個念頭，都為所當為而避所當避，你將不會因為危及修行的逆緣而沮喪低落。你所做的每件事，將轉化成圓滿清淨的法道修行和至為重要的福德積聚。

第十章：上師

與上師的心合而為一

上師相應法（guru yoga，上師瑜伽）或與上師的自性相融無別，乃是藏傳佛教的修行者以對上師的深刻虔敬心為基礎的重要修行。我們應該了解，這種虔敬心的深度與廣度超越任何「盲目的信心」。此處討論的虔敬心源自我們對覺醒證悟之無量功德的認識，而真正的上師則是體現這些功德的活生生典範。禪修能瓦解我們因迷惑且侷限的視界所造成的限制，而上師相應法則是透過禪修，使我們的心與上師的心相合，也就是自身狹窄的內在範疇與上師覺醒證悟的無限虛空融合為一。

從究竟的觀點來看，上師相應法可以讓我們重新發現心的真實本性、明光空性和本初自在。然而，沒有觸發的媒介，這個過程幾乎不會發生，而上師相應法即是這個催化劑。

我們藉由外在的上師來認識內在的上師。許多密續和論釋都提及，在所有佛教修行之中，上師相應法是移除障礙最重要且最有效的方法，它能確保我們在修道上迅速前進。因此，依止具有法教所述一切智慧與悲心特質的真正上師，是至要且關鍵的。

甘珠爾仁波切：上師的重要性與資格條件

據說，在瑪拉雅山（Malaya mountains）的藥草林裡，把一塊尋常的木頭浸潤在檀香木樹葉所滴下的水分之中，它便會漸漸吸收檀香的甜美香氣；同樣的，如果你能常常親近上師，你很快就能獲得與上師相同的特質。

完全具格的上師

在當今的末法時代，我們極難遇見一位體現經、續所述一切純正、真實徵相和成就的上師。儘管如此，依止善知識仍有必要。如典籍所述，善知識的心有如絕佳的土地，經過三戒學識和未受煩惱染污之無瑕行止的耕犁，他們的心土猶如受到殊勝佛典及其論著的文字與意義所滋潤，因而其本身就是能令自己解脫的根源。在此同時，他們的心土也將充滿關愛所有生命的大慈大悲。

因此，在這片心土上，燦爛的花朵將會綻放；而上師擁有四種方式來吸引有幸步入解脫道的弟子，弟子則如前來品嚐教導之精華甘露的蜜蜂。這四種方式分別是：（一）布施：完全了無執著的慷慨大度；（二）愛語：順應弟子的心來施教；（三）利行：把通往解脫的修行法門介紹給弟子的能力；（四）同事：上師身體力行自己所傳授的法教。

虛假謬誤的上師

然而，有些上師好比「木製的磨石」。他們如同婆羅門的祭司，僅僅為了延續喇嘛世系或家族傳承，或顧慮其寺院的名譽，因而驕慢且不腳踏實地修持佛法，還擔心若不這麼做，其宗教駐錫地或傳統可能會因此而式微。他們懷著邪惡不正的動機，試圖保固財富或宗教遺產；這種行為如同在糞池中沐浴，只會讓自己更為污穢不堪。因此，懷著這種發心來領受、研習和解釋法教，建造佛塔、製作佛像等，不是真正的佛法。事實上，它是這種人毀滅墮落的禍根。這就是根本頌（root text）談到在糞池中沐浴的原因。這種上師空洞且聒噪地吹噓其特質，對心的戒律毫無貢獻，有如木製磨石無法碾磨大麥而製作麵粉，只會為弟子帶來災禍。

更有甚者，有些人心中充滿染污，無異於凡夫俗子，但因為過去微小布施的業果，而在今生獲得上師的地位。他們裝腔作勢，相信自己是個有頭有臉的人物，並且因為信徒在他們面前五體投地、呈獻供養、恭敬服侍而感到沾沾自喜、驕傲自大。這些信徒實為不識具格上師真正特徵的蠢蛋！

此外，有些宗教騙子對法教一知半解還冒充內行。他們受了戒，也立下密續的誓言，卻對戒條一無所知，因此律儀相當曲解不正。他們不曉得戒、定、慧三學的內涵，心中充滿過患、卑鄙墮落，還假裝傳法、給予教導。他們全用猜的，但外表看來好像已經翱翔在證量的天空。此外，他們不是真的關心弟子，慈悲之繩早已斷裂。護持這種「瘋狂的指引」，無可避免地會走向負面的斷崖、下三道的深淵和不斷增長的邪惡。

上師的知識應該勝於弟子。如果為人師表並非如此，還欠缺菩提心，弟子卻因其名聲和個人魅力而追隨他們，實是一大錯誤。顯而易見的，盲人無法由本身是「眼盲嚮導」的人來帶領。因此就眼前和究竟而言，信任一位智慧之眼已然閉上的人，都是嚴重的錯誤。這種上師不在乎弟子的行為是否違背佛法。他們享受弟子的服侍和敬重，對弟子虛情假意。儘管這種「上師」沈迷於世間八法，行為也相當欠缺任何潛在的智慧或正當的目的，但這些弟子卻相信自己是在服侍上師。弟子與這種上師相處而喪失了學習判斷何者應行、何者應斥的機會，因而將持續在下三道的黑暗中流浪徘徊。

基於上述理由，有志者雖然非常虔敬，真心誠意想要修持佛法，但在沒有審視上師是否合格的情況下，就不顧後果地追隨，將會失去目前所具和未來可成的修道特質。他們等待良久才獲得這具足八種閒暇的人身，卻因此變得毫無意義。他們的處境就像有人走向一大團黑色的毒蛇，卻以為那是樹蔭；期待樹蔭的涼爽，希望休息一下恢復精神，卻因為誤判而遭到蛇吻。如《持明藏》（Vidyadhara Pitaka）所說的：

> 弟子們未能對他做出正確的評判。
> 這個人無知且無法回答弟子問題，
> 對學生來說，這位上師就是惡魔。

真實純正的上師

然而，沈浸在殊勝佛典及其論釋的上師，其智慧之眼大開，並且藉由不可思議的三學證量，而能夠善巧解脫弟子的心。這是無上的上師，他們的心充滿佛法與證量的所有功德。

他們是修道一切特質、一切勝共成就的無比源頭。真正上師的作為，都是以帶領一切眾生走上解脫道為發心。

他們的心彷如虛空，視所有顯相為夢幻。即使他們的言行似乎不符合世俗慣例，也切勿對他們做出誤判。他們運用智慧來訓練眾生，因此其行為背後含有許多目的。

真正的上師勝於世界上任何人。他們精於斬斷弟子對法教文字與意義的疑慮，以及對修行和除障所產生的懷疑。上師不會因為他人的辱罵批評而情緒低落。在服務眾生時，不論身心多麼疲憊，仍然用安忍來忍受一切。眾生透過修持上師的心要教導而能度過充滿悲傷的輪迴汪洋，抵達解脫自在之土。因此，上師有如大船，是真正的指引，能夠無誤地教導共通的修道，也能夠解釋無上了義佛經和密續的意義。

那些懷著信心和真實不虛的虔敬心而適切依止這種上師的人，將於投生時獲得健康、長壽、美貌、幸運、家庭、財富和聰明才智等善緣，而慈心、悲心等所有覺醒證悟的特質，也將如天降甘霖那般灑落在他們身上。

頂果欽哲仁波切

上師如一艘大船，讓眾生度過險惡的輪迴汪洋；如判斷準確的船長，引導眾生抵達解脫的陸地；如熄滅貪愛之火的雨水；如驅除無明黑暗的光燦日月；如能夠支撐善惡之重量的穩固基礎；如賜予短暫快樂和究竟大樂的如意樹；如具有深廣教導的寶藏；如賜予所有證量功德的如意寶；如平等鍾愛一切有情眾生的父母；如一條悲心的巨河；如一座睥睨世俗掛礙、不受情緒之風撼動的山峰；如一片巨大的雲朵，其中充滿抒解貪愛之苦的雨水。

簡言之，上師等同一切諸佛。不論是透過親見上師、聽聞其聲、憶念其人，或藉由其手碰觸等方式而與上師結緣，都將帶領我們通往解脫。對上師生起全然的信心，肯定是朝覺醒證悟前進的方式。他的智慧與慈悲之暖熱，將融化我們如原礦般的生命，而顯露其內在如黃金般的佛性。

蔣貢康楚羅卓泰耶

上師於外在以人身示現，並傳授解脫道。當時機到來，我們透過上師的教導和加持，而獲得與上師等同的了證。於是我們了解到，內在的究竟上師一直都在，而這位上師其實就是我們的心性。

直貢吉登貢波

虔敬心的太陽，
若不照耀在上師四身的雪山之上；
他的加持之流便將永遠不會流動，
要下定決心，生起虔敬心！

夏嘎巴

正如銀白薄霧在廣大空虛的蒼天中上昇融入，
上師尊主的身相怎不會在無垠遍佈的虛空中顯現？
正如綿綿細雨在彩虹的美麗弧光內緩緩降下，
上師怎不會在五色光芒的穹頂內灑下甚深的法教？
正如雨水在遼闊草原的平坦地面上駐留，
這些法教怎不會在您忠誠且虔敬的孩兒心上駐留？

正如繽紛花朵在青翠柔軟的高山沼地裡綻放，
修行的覺受和了證怎不會在您孩兒的心續中生起？

夏嘎巴

一開始，我把上師視為上師，
在中途，我把經典視為上師；
到最後，我把自心視為上師。

從示現度脫道的上師那裡，
我領受別解脫的聖法。
我的修行是避免惡行且培養善行。

從菩薩上師那裡，
我領受生起菩提心的大乘聖法：
我的修行是珍愛他人勝於愛己。

從金剛持上師那裡，
我領受密咒乘的聖法、灌頂和講解：
我的修行是觀修生圓次第和大圓滿。

從許多其他的上師那裡，
我領受眾多的無上法教，
因而結下法緣：
我的修行是生起信心、恭敬和清淨的覺知。

甘珠爾仁波切：好弟子與壞弟子

弟子應該視自己為具有殘疾的人，從無始以來即患有染污的疾病；視佛陀的法教為醫藥，視上師為醫術精湛的醫師，視精進修行為治病的過程。弟子應該懷著類似上述的四種態度，把上師視為保護旅人免於受到敵害的護衛。他們應該仰賴上師，有如仰賴一位充滿勇氣、保護自己免於危險的朋友。他們也應該像個仰賴船長的商人，或是仰賴擺渡者的旅人。

對甚深佛法欠缺信心的人，可能會有一種膚淺的虔敬心，比方禮物、笑容和其他好處等不重要、無價值的瑣事，就會讓他們感到開心。這種虔敬心沒有用處，如天氣般無常，時有時無、朝夕莫測，既脆弱又易變，應當捨棄。

有些人即使受益於許多不同的法門，但仍然難以受到佛法的吸引。剛開始，他們有如野生犛牛，不易趕入牛圈；接著，當上師給予教導，要他們學習時，又任性大發、難以駕馭，甚至痛恨那些精進修持佛法的人，而且只對今生感興趣。最後，他們忽視誓戒和三昧耶，結交損友且每況愈下，遠離上師和法友，終而避開人群，成為在森林和偏鄉離群索居的野人。

另一些人即使在上師跟前，仍然滿腦子充滿各種計畫。他們認為自己若到僻靜處修行，會比留在上師身邊來得好。他們急忙遠走，可是不論置身何處，結交的都是損友，修行和行為因而墮落，身陷邪惡之道。

另一方面，如果上師真要他們獨自閉關、穩定修行，他們可能會待在那裡，卻不理會上師的教導，以致修行跌入谷底；怠惰散亂，甚至連一天一座都沒有做到。他們無異於吉祥草的草尖，隨風搖曳。

有一種惡人精於騙術，不因名聲和財富而滿足，還貪求從領受灌頂、口傳和教導而得到的威望，彷彿那些全是商品。他們懷著欺瞞的意圖接近上師，彷彿為了引誘麝香鹿而設下陷阱，完全不顧上師的仁慈，一心只想捕捉到「殊勝佛法」這頭麝香鹿，而且一旦到手，就把誓戒和三昧耶拋諸腦後。正如殺死麝香鹿的獵人，為著賣鹿得財的前景而感到興奮那般，這些弟子也因新獲取的地位而高興，為能領受該法教而驕傲。這種人拋棄了他們和上師之間的殊勝法緣，將在今生來世遭遇不幸。

一般來說，弟子的種類雖多，但皆可歸類為以下三種，而且了解這三種弟子有其必要。第一種弟子擁有真誠的信心，真心領受、反思和觀修圓滿的法教，也擁有濃厚的興趣和虔敬心，決心要從輪迴解脫。第二種弟子空有修行者的模樣，欠缺真誠的決心，只滿足於今生的成功與尊榮。第三種弟子則兩種皆非；他們態度平平溫溫，既不熱切也不冷淡，愚蠢無知，其佛法修行虛偽造假。他們純粹是因為從眾而擁抱佛法，沒有事先考慮就輕率投入，既無信心，也無誠摯的發心。他們的佛法修行有如猴子禪修、鸚鵡持咒，終究變得如流浪犬般在街頭遊蕩，既非佛法行者，也非世俗百姓。

相反地，優秀的弟子如了悟真諦的龍覺（Nagabodhi）[43]那般披著虔敬心的盔甲。他們的心堅定不移，如吉祥燃燈智（Dipamkara Shrijnana）[44]那般服侍上師和佛法，毫不在乎自己的性命。又如密勒日巴尊者那般聽從上師的指示，毫不在乎自身的舒適。這種弟子僅僅透過虔敬心就可獲得解脫。

弟子應該具有信心和不受疑慮所染的清明聰慧，而信心是所有修行特質的源頭。他們應該具備區分善惡的智識，擁有大乘的大悲心，對誓戒和三昧耶深深敬重。他們的身、語、意應該寧靜持戒，心胸開闊，善待鄰里和法友，慷慨對待清淨的受施者[45]，對眾生懷有清淨的覺知，得體相待。

優秀的弟子應該（一）像舉止得宜的小孩，知道如何取悅上師，避免讓上師不悅。（二）即使受到上師嚴厲的指責（常常是在有所必要時，受到上師嚴厲的責備），也要像聰明的馬兒那般控制怒氣。（三）為了達成上師的目的，像一艘孜孜不倦來回航行的船隻。（四）像一座橋，經得起任何情況，不論好壞、苦樂、稱讚或責備。（五）像一塊鐵鉆，不受暑熱冬寒所撼動。（六）像順從馴良的僕役，一絲不苟地執行上師的教導。（七）像掃街者那般謙遜，敬重上師和僧伽。（八）反省自己的短處，避免傲慢，如牛角破損的年邁公牛在牛群中敬陪末座。《菩薩藏》（Bodhisattva Pitaka）說道，弟子如此行止，將能正確地依止上師。

切勿對上師的侍者和弟子存有分別心，重彼輕此。切勿讓自己遭人唾棄。相反地，試著讓自己像一條皮帶[46]，能夠輕易地和任何人融洽相處；

試著讓自己像一抹鹽巴[47]，可以隨性適應任何人，不論其地位高低，具有影響力或默默無聞。做個穩固的支柱，對抗困倦、惱怒和任何種類的攻擊侵犯。這是服侍上師的方式，也是敬重上師之侍者、功德主和金剛兄弟姊妹[48]的方式。

你應該立志時時留在護持佛法寶藏的上師身邊，如天鵝居住在美麗的

43大成就者龍樹（Nagarjuna）的四位親近弟子之一。龍覺曾是個婆羅門種性的小偷，當上師龍樹對其解釋清淨的心性時，他因而了悟心的本然狀態——空性。

44即阿底峽尊者。他於1042年入藏。在離開超戒寺（Vikramashila）之前，阿底峽的守護本尊度母在淨相中告訴他：「你要不惜一切而前往西藏！此舉將有利佛法，如果你和優婆塞（the upasaka，此處指的是種敦巴）結緣，其利益尤其勝妙。然而，這一切將使你減壽二十年。」阿底峽心想，這沒有關係，只要佛法和眾生能夠受益即可。於是，他以生命為代價，出發前往西藏。

45值得我們慷慨布施的對象包括在危急中、有需要的一切眾生，受苦的眾生，以及諸佛菩薩。

46皮帶可以輕易隨著不同的腰圍而調整。

47鹽巴融入食物，在產生味道的同時，又保持隱形。

48在金剛乘之中，從同一個上師那裡領受法教和灌頂的弟子必須受到最大的敬重。他們成為金剛兄弟姊妹，意指他們之間的法緣必須清淨不變。

溪流和滿開花朵的池塘中，輕柔地享用植物和青草；如蜜蜂啜吸花蜜，而不毀損花朵的顏色或芬芳。如果你能夠奉行上述的適切行止，放棄所有不當的行為，培養各種健全美好的態度，那的確會令人讚嘆。堅定不移、孜孜不倦地服侍上師，試著不要成為令人不悅的源頭。透過信心的力量，品嚐上師證量的功德！

巴楚仁波切

～這個故事是關於巴楚仁波切與多欽哲耶喜多傑（Do Khyentse Yeshe Dorje，1800~1866）的重要會晤，來自頂果欽哲仁波切的口述，由作者記錄。

巴楚仁波切對多欽哲懷有無限的虔敬心，視其為佛。

一天，偉大的瑜伽士多欽哲決定假扮成一位了無拘束、行蹤不定的流浪瑜伽士，支身前往雜曲卡（Dzachuka）。當他看見巴楚走近時，多欽哲說：「嘿！巴楚！如果你是個勇敢的人，就過來這裡！」等巴楚仁波切來到他伸手可及之處時，多欽哲一把抓住巴楚仁波切的頭髮，把他壓在地上，然後開始拖著他走。

巴楚立刻注意到多欽哲喝了酒，因為他的呼吸聞起來有啤酒的味道。巴楚自言自語道：「連他這樣偉大的上師都會喝醉，行為舉止如此之不當！」他想著佛陀描述的飲酒過患。

在那個剎那，多欽哲一鬆手，放開了巴楚，緊緊盯著他看。「呃！」多欽哲大叫：「你這個瘋狗，滿腦子污穢的念頭和理性！」接著他對巴楚的臉吐口水，舉起小指頭表示輕蔑，然後就走開了。

巴楚突然意識到多欽哲此舉的意義所在：「我完全誤會了！他剛才給我的是關於心性的甚深教法。」於是他坐下來禪修，安住於明覺的任運覺受之中，內在清朗一如無垢無染的天空。若說巴楚第一位上師嘉威紐古（Gyalwe Nyugu）對他所指出的本初明覺是黎明，那麼此時這種覺受就有如黎明之後，璀燦明亮的太陽漸漸升起。

後來，巴楚仁波切開玩笑地述說此事：「瘋狗是多欽哲給我的法名。」在巴楚仁波切的一些著作上，都使用這個綽號來當署名。

第三部

主要的修道

第十一章：了知心性

若是以心觀心，它會對自性有什麼認識呢？第一個顯見的事情是：當感受、記憶和想像激起了無數念頭，持續且急速地衝擊自心時，我們幾乎毫不知情。但不是有人說，於念頭活動的背後，甚至在沒有念頭時，一直有個根本心識（basic consciousness）而可稱為了知或覺知這種心的根本能力嗎？念頭生起時，如果仔細檢視，我們有辦法確切地找到它們的特徵、屬性或真實的存在嗎？它們位於何處？是否有顏色或形狀？事實上，不論你如何努力地看，除了剛剛提及那了知的根本能力之外，你找不到任何東西。你無法發現任何原本是真實的事物。以此而言，這就是佛教所說的：「心沒有獨立的存在。」

對於念頭的「空性」這個見解，我們要如何運用？當念頭或瞋怒等情緒生起時，會發生什麼事情？我們通常會被那個念頭或情緒擊垮。念頭不斷壯大，繼而衍生出更多念頭，使我們感覺困擾、盲目，慫恿我們去說、去做某些可能充滿暴力，甚至傷及他人，進而使我們懊悔的事情。其實，在念頭增生繁殖、發生連鎖反應之前，我們的確有機會可以檢視念頭。若能這麼做，我們將了解到，它們並不如想像般具有堅固的實相，因而有機會脫離它們的掌控。

如果能夠看見念頭是從明覺、心性中生起，然後融攝於心性，如同海浪從海洋中生起、落下，那麼念頭的傷害力將大大喪失，我們也因而朝內在的寂靜邁進一大步。

頂果欽哲仁波切

我們一般所說的心是迷妄的心，一個由貪、瞋、癡引起的混亂念頭漩渦。這個心不像覺醒證悟的明覺，而且總是被一個個的迷妄牽著鼻子走。當我們出乎意料地遇見敵人或朋友，這些情境會促使瞋恨或執著的念頭毫無預警地突然生起，此時，除非你能立刻運用適當的對治解藥來制伏，否則它們很快就會生根繁殖，進而鞏固瞋恨或執著在心中慣有的優勢地位，增添越來越多的造業模式。

這些念頭看似強大，但畢竟只是念頭，終究會消融於空性。一旦你認識心性，就不會受這些看似來來去去的念頭所愚弄。雲朵在天空形成，維持一段時間後又消失在虛空中；同理，迷妄的念頭生起，停留一段時間之後，也消失在心的空無之中。在實相中，什麼都沒發生。

陽光灑落在水晶上，顯現出彩虹般的多色光芒，然而，它們不具有可掌握的實體。同樣的，虔敬、悲心、惡意和貪欲等種類無限的念頭，也都不具實體。念頭除了空無之外，什麼也不是。如果在念頭生起的剎那認識其空性，念頭將會消融，執著和瞋恨便永遠都無法困擾你的心，迷妄的情緒也會自行瓦解，如此，你既不會積聚惡業，也不會引發後續的痛苦。

頂果欽哲仁波切

一般來說，心有止寂和活動兩個面向。有時候，心是安靜的，了無念頭，如平靜的池水，這是止寂的一面。念頭遲早都會在心中生起，這是活動的一面。然而實際上，即使在止寂時也有念頭的活動，所以這兩個狀態其實毫無差異。正如止寂的自性為空，活動的自性也為空。止寂與活動僅僅是心的兩個名相。

在大多數的時候，我們都沒覺察心的狀態，也不注意心是否為止寂或活動。禪修時，心中可能生起了某個念頭，例如想去購物的念頭。如果你覺察到這個念頭，並讓它自行消融，那就沒事了。如果你任其發展，它將帶出「停止禪修，休息一下」的第二個念頭，然後很快地，你會發現自己真的起身前往市集。接著，更多的念頭和想法生起，例如你要怎麼買這個、賣那個等等。到了這個時候，你已經把禪修遠遠拋諸腦後。

念頭會持續生起，這完全正常。重點是，不要試圖終止念頭，而是要解脫念頭，因為不論如何，我們都不可能終止念頭。若要達到解脫念頭的目標，就必須安住於離戲狀態，讓念頭生生滅滅，而不把念頭和進一步的念頭串連在一起。當你不再延續念頭的活動，它們就會自行消融而不留痕跡。當你不再用心意造作來破壞止寂的狀態時，就可以毋需費力而維持心的本然寧靜。有時候，讓念頭流動，觀察其背後的不變自性；有時候，猛然斬斷念頭的流動，注視那赤裸的明覺。

無數的念頭和記憶受到串習的翻攪而在心中生起。念頭一個接著一個，前一個消失而成為過去，再由下一個所取代，在它隨後讓步給未來的念頭之前，也成為稍縱即逝的當下念頭。每個念頭慣性地接續前一個念頭的動力，於是一連串念頭的影響力隨著時間的消逝而增長，這稱為「迷妄之鏈」（the chain of delusion）。正如念珠其實是由單一的珠子所相連串起，我們一般所謂的心，實際上也是由各個瞬間的念頭所相連串起。一連串的念頭構成了心識之流或心相續，而這個心相續則帶來了輪迴存有的大海。我們相信心是一個真實的本體，而這個結論卻沒有足夠的探究基礎。我們相信今天所見的河流和昨天所見的河流相同，但事實上，河流永遠不會保持不變，連一秒鐘也不會。構成昨天的河流之水，現在肯定成為了海洋的一部分。那些從早到晚穿過「心」的無數念頭，也是如此。心相續只是一連串瞬間的念頭，你無法指出哪一個分別的本體而稱之為心。

如果仔細分析念頭的過程，顯而易見地，過去的念頭已經像屍體般死亡，未來的念頭尚未誕生，至於當下的念頭，我們無法說出它們的位置、顏色或形狀等任何屬性。它們不留痕跡，無處可尋。事實上，在過去、現在和未來的念頭之間，不可能有任何接觸點。舉例來說，如果過去的念頭和現在的念頭之間有任何真實的連續性，那麼這一定表示過去的念頭是現在，或現在的念頭是過去；如果過去的念頭真的可以用這種方式延伸到現在，那麼未來一定也已經是現在了。無論如何，由於對念頭真實自性的無知，我們仍然習慣性地把念頭視為一個接一個的完整相連；這是迷妄之根，使我們越來越受到念頭和情緒的支配，直到迷惑掌控了一切。

極為重要的是，我們必須覺察念頭的生起，使猛擊的念頭波浪平靜下來。舉例來說，瞋怒是一種極具毀滅性的串習，它會破壞你可能擁有的一切美好特質，而且沒有誰會喜歡身邊有個發怒的人。如同蛇的外表本來不怎麼可怕，但因為牠們通常極具侵略性，所以光是看見牠們，就令人感到恐懼和嫌惡。不論是人或蛇，這種巨大的瞋怒不過是負面情緒未受控制而不斷累積的結果。如果能在瞋怒生起的剎那認識到它是什麼，了解它有多麼負面，瞋怒將會自行平靜下來，你就能和所有人永遠和睦相處。另一方面，如果你讓瞋怒的念頭接二連三地生起，很快地，那份瞋怒將完全失控，你甚至打算要冒著生命危險去摧毀敵人。

米龐仁波切

禮敬珍寶上師文殊師利！

苦樂取決於心。

在所謂的「孩子」死時，

我們可能會痛苦；

在所謂的「敵人」死時，
我們可能會欣喜。
然而，苦樂並非外在對境的附屬品。
珍愛身體的人會保護身體，
不執著身體的人則願意供養身體；
對自己和他人缺乏耐心的人，
光是一根棘刺就會使他們惱怒。
了無執著的聖哲即使面對地獄之火，
也無所畏懼。

一切皆取決於心，
但心卻遵從源於本身習性的念頭，
因而受到永無止境、各種概念、歡樂和痛苦所打擊。

哀哉！如果觀察這個迷失的心如何運作，
快樂時，它就變得傲慢，貪欲倍增；

痛苦時，它則失去勇氣，想要快樂；
不論發生什麼事情，它都不會踏上永久安樂的道路。
哀哉！它就這麼永無止境地在痛苦中流浪徘徊！

誰能夠細數念頭的數量？
光是在一天當中，
念頭一個接著一個，猶如水面漣漪。
由於希望和恐懼，
以致排斥和接受等無用概念使它精疲力竭，
這可是它自己招惹的痛苦！

內在的對話像輪子一樣轉動，
我們無力使其停止。
二元分立的信念是其根源，
沒有它，就不會有心之造作。

心意的造作引起謬誤的念頭。
自我的驕慢因而生起，
念頭、迎樂和拒苦的無盡之網不停交織，
甚至織入夢中。

除了我之外，
沒有誰能把這些困擾加諸於我。
放下這些無用的負擔，
難道不是更好？

年札龍日尼瑪
主體與客體並非為二，
但在我們眼中，它們卻是全然不同的本體。
由於對主客的執著，我們更加強化這種串習。
輪迴除此之外無他。

儘管善行與惡行欠缺真正的實相，
但透過動機的力量，它們卻能製造喜悅與悲傷。
正如甘甜或苦澀的植物種子，
將會結出相應味道的果實。

因此，
在擁有共業者的眼中，世界是類似的，
在擁有異業者的眼中，世界便有差別。

事實上，即使有人「前往」地獄或其他處所，
都只是他對世界的覺知產生改變。
如同在夢中顯現的事物本非存在，
心是所有虛幻覺知的根源。

心性超越存在和不存在、永恆和空無之見：
它有個簡單的名稱：「究竟的虛空」。

那個虛空本身圓滿清淨，
那是完美無瑕的天空，明亮且空虛，
沒有中心或邊圍，一直都在眾生心中。
它的面貌暫時受到心意造作的帳幕所遮蔽。

我們很難用蠻力來終止持續不斷的念頭之鏈，
但在它們生起時，
如果能夠認清它的自性，
念頭將無可選擇地在各自所在之處解脫。

不追逐過去的念頭，
不邀請未來的念頭，
安住於當下，
無論心中生起什麼，單純認清它的自性，
於離戲之中鬆坦，了無意圖和執著。

儘管沒有要作觀修的對象，
但是就完完全全、了無散亂地住於當下。
藉由熟悉事物生起的方式而不加以改變，
自明（self-luminous）的本初智慧將於內在生起。

你或許會問：「怎麼會如此？」
如果你不擾動混濁的水，
它將自然而然變得清澈。
大多數其他的禪修，
都只是暫時使心寂靜的方式。

勝妙不變空性的虛空，
與那不間斷覺醒當下的純然明光，
一直都是無可分別的。
你必須親自體驗這內在的重要事物：
無人可以代勞。

頂果欽哲仁波切

當你對某人有仇恨時，你對他整個人或某方面所產生的仇恨和瞋怒，根本不是固有的，因為瞋怒只存在於你的心中。一旦你看見他，就老是想著他過去如何傷害你，以後可能會怎麼傷害你，或現在會做什麼來傷害你；即使聽到他的名字，都會讓你相當不開心。當你固著於這些念頭時，會變得滿腹仇恨。在那個時候，將有一股勢不可擋的衝動想要拿塊石頭砸他，或抓起什麼東西扁他。

瞋怒可能看似極為強烈，但它是從哪裡獲得力量而能如此輕易地擊垮你？它是某種外在的力量，某個有手有腿、有武器有盔甲的東西嗎？如果不是，那它是存在於你內心某處的東西嗎？如果是，它在哪裡？你能在腦袋、心臟、骨頭或任何其他部位找到它嗎？雖然我們無法找出它的所在位置，但瞋怒似乎非常具體地呈現為一種強烈的執著，把你的心凍結為凝固狀態，為你和他人帶來巨大的痛苦。正如雲朵不具實體，無法支撐重量，也不能當衣服來穿，卻能夠覆蓋太陽，使整個天空變得漆黑；同樣的，念頭也會障蔽明覺的無染光燦。藉由認識心的空、明自性，可以讓它回歸本然自在的狀態。如果你能認清瞋怒的自性為空，它就會完全失去傷害力。

米龐仁波切：關於心性的三要口訣

心的本然離戲不可言傳，
自在廣大，必須由心本身認清。
當所有造作、概念和執著自然消失，
我們稱之為「識得心性」。

一旦離於念頭之網，
且不失本初自性的當下相續，
毫無偽裝、造作、尋伺，
我們稱之為「保任禪修」（preserving meditation）。

當眾多念頭的波浪有如天空雲朵，
它們對於心既無傷害、也無利益，心依然是寧靜的，
我們稱之為「使心在其自性中解脫」。

生起內在覺受的禪修者能了解此三要口訣，

那些只會嚼舌的知識份子則將無法領會。
～米龐・南賈（Mipham Namgyl）在火猴月初十寫下本文。

夏嘎巴

任運明光的離戲：它就是那樣！
你怎能說無法把自心視為佛陀？
沒有什麼需要培養的東西，
因此你怎能說：「我還修得不夠多」？

覺醒心的清晰顯現：它就是那樣！
你怎能聲稱找不到自心？
不間斷的清澈明朗：它就是那樣！
你怎能聲稱看不見自心的本質？

一旦能在這種自性中安穩持守，就完全無事可做。
你怎能說自己辦不到？

如果休息和活動之間不再有二元分立，
你怎能聲稱自己無法安住其中？

在自生（born of itself）的覺醒狀態中，
佛果的三身[49]無需勤作而任運成就。
你怎能聲稱自己無法透過修行來成就它們？

你應該單純安住於無為之中。
你怎能聲稱自己辦不到？

念頭在生起的同時解脫。
你怎能聲稱自己沒發現這個對治法門？

當下的覺醒：它就是那樣！

49即化身、報身（樂受身）和法身（實相身）三身。

你怎能聲稱自己認不出來？

覺醒證悟。

頂果欽哲仁波切

如果你今日戰勝了「有個真實存在之自我」的信念，你今日就能覺醒證悟。如果是明天，你明天就會覺醒證悟。如果一直做不到，你就永遠不會覺醒證悟。

這個「我」只是個念頭、感受，並非本來就擁有任何的實體、色相、形狀或顏色。舉例來說，當強烈的瞋怒生起時，因為它的力量如此強大，使你想要和某個人打鬥或摧毀某個人，但瞋怒的念頭握有武器嗎？它能帶領軍隊嗎？它可能像火一樣灼傷人，像石頭一樣碾壓人，或像洶湧的河流一樣把人沖走嗎？不會的，瞋怒就像任何其他的念頭或感受那般，並非真實存在，有如虛空裡的風，你甚至無法在身、語、意的任何一處找到它。與其讓這些狂野的念頭支配你，不如來檢視它們的空性。

一旦調伏了心中的仇恨，你就會發現，外在世界中連一個敵人都沒有。反之，如果繼續放任仇恨滋長而試圖降伏外在的敵人，你則會發現，不論擊敗了多少敵人，總會有更多的敵人取而代之。即使你能夠降伏宇宙的所有眾生，你的瞋怒只會越來越強大。你永遠無法用縱容來處理它。

審視瞋怒本身，你會發現它只不過是念頭，沒有別的。如果瞋怒的念頭消失，它就不會引發以瞋怒所做的行為及其惡業的果報。用你的了證來踐踏瞋怒，它將如雲朵般消失，「敵人」的見解也因而了無蹤跡。

在本質上，心能覺察一切，而心的明性能感知所有外在對境和事件，但如果你試著尋找，就會發現它如彩虹般難以捉摸。你愈是追逐，它就跑得愈遠；你愈是注視，就愈找不到東西。這是心的空性。在真實心性之中，明性和空性無別雙運，超越所有存在與不存在的概念。

頂果欽哲仁波切

此刻，心的本然明性受到迷妄的障蔽。在清除障蔽之後，你將開始顯露明覺的光燦，直至念頭在生起剎那即解脫的境界；那時，念頭將有如在水面作畫，於作畫的剎那便消失了。用這種方式來體驗自心，即是遇見了成佛的源頭，也就是第四灌頂的修持。識得心性，即是涅槃；自心仍受到迷妄的障蔽，即是輪迴。然而，無論是輪迴或涅槃，都不曾離於勝義的相續。當明覺的了證臻至圓滿，迷妄的城牆將被攻破，我們便能立即且永遠地奪取超越禪修的法身堡壘[50]。座上和座下禪修之間不再有任何區別，無須勤作便能安穩地持守覺受——這就是無修（nonmeditation）。於此法身的無垠虛空之中，持誦六字明咒。

夏嘎巴

輪迴和涅槃的所有現象，
顯現和存在的所有現象，
都不過是虛空中的彩虹，
乃藉由因緣聚合而顯現。

不論它們如何顯現，本身都空無一物；
它們生起，
成為如虛空般心性的莊嚴飾品——妙哉！

心，沒有顏色，也沒有形狀。
想要尋覓，卻什麼都找不到——

空性！

讓心保持如是的狀態——
鮮活的明性！

如無垠虛空般無染且空無一切——
讓心安住在那種狀態，
保持本始、光燦和覺醒，
未受障蔽，且完全透徹。
讓心保持輕安、開廣，而毫無目的。

在心融入如虛空般涵攝一切的狀態時，
它將以全然的明性了達一切現象，
各種道次第的所有證悟功德因而生起。

50 超越所有概念，成佛狀態的實相境界。

對欠缺這種了證的眾生
將生起無盡的悲心。

藉由對空性與悲心的修學，
將自然引發對其他眾生的利益。

願那如虛空般無瑕染、
鮮活而了無障蔽的本初空性明覺，
在聽聞此道歌者的心續中真實生起。

頂果欽哲仁波切

為了攻佔心性無造作的堡壘，你必須追本溯源，認出念頭的起源，否則，第一個念頭會引生第二個、第三個念頭……，很快地，你將受到過去的記憶和未來的期望所襲擊，當下的清淨明覺將完全受到障蔽。如果你能認出念頭的空性，而非強化它們，那麼每個念頭的生滅，都將使你對空性的了證獲得澄清和增強。

是自己的「心」，使我們走上歧途而進入輪迴。我們沒有看見真實的心性，只把注意力集中在念頭上。事實上，念頭純粹是真實心性的展現。因為這種固著之故，清淨明覺被凍結在「自我」和「他人」、「可愛」和「可憎」等種種的堅實念頭之中。於是，我們創造了輪迴。

在冬季，河湖的水面凍結而變得堅實，人、動物和馬車可以在其上來回穿梭。當春天來臨，大地回暖，冰凍的河湖開始解凍。此時，堅硬的冰會剩下什麼？水柔軟流動，冰堅硬銳利，我們不能說它們一模一樣，但它們也並非不同。冰只是結凍的水，水只是融化的冰。我們對外在世界的覺知也是如此。執著於現象實有、受苦於愛憎折磨、迷戀於世間八法，都會使心因而凍結。若能融化你概念的冰，解脫自在的覺知之水便可流動。

我們所經歷的一切輪涅現象，如彩虹般生動明晰地顯現，但也如彩虹般欠缺任何具體有形的實相。一旦你認清現象的自性雖顯猶空，你的心將離於迷妄的暴虐。

認出究竟的心性，即是了證成佛的狀態；未能認出究竟的心性，即是陷入無明。不論是哪一種情況，能解脫你和束縛你的都是心。

如果你讓念頭和感受自行生滅，它們就會像鳥飛過天空那般穿過你的心，不留痕跡。這不僅適用於執著和瞋怒，也適用於樂、明、無念等禪修覺受。那些覺受來自精進修持，是自心本具妙力的展現。它們像彩虹一般，當陽光照在一簾雨幕上時便會形成。執著於它們，如同追逐彩虹，想把它當成外衣穿上那般徒勞無益。讓念頭和覺受來來去去，不要執取。

保持離戲的狀態。面對快樂、成功和其他順緣時，視其為夢幻，切勿執著；受到疾病、污衊毀謗或其他身心磨難的打擊時，切勿挫折失望。你應該希望眾生的痛苦都因你的痛苦而耗盡，藉此重燃你的悲心。不論面對什麼情況，切勿歡欣鼓舞或鬱鬱寡歡，而要在泰然自若的寧靜中保持輕安自在。

敏林大伏藏師局美多傑

～應法嗣歐瑟丹增（Osel Tenzin）之請，當這些話語在心中湧現時，局美多傑把它們編織成鬘。

南摩咕嚕惹那雅！

禮敬珍寶之上師！

自生明覺本初清淨，
不來不去，
無增無減。
不管其中生起什麼，
皆如水中映月。

審視一切動念和逆緣的本質，
視其為不斷回返海洋的波浪。

以最高警覺來注意有害或不善之行，
無誤地選擇何者應為，何者不應為，
藉此創造自己的快樂！

既然三寶知曉你的所做、所言、所想，
那就了無虛偽地斬斷你所編織的執著。

這等於是做了值得一做的事情！

虛幻世界的悲喜如夢、如海市蜃樓。
讓它們自行蒸發消失，
斬斷那相信堅固實有之網！

各種現象皆是究竟心性的戲耍。
二元分立的執著乃是希望與恐懼之源，
當你消除對於善惡之間的分別，
二元之執將有如進入空蕩屋內的竊賊。

簡言之，要了無散亂地禪修，
以了證離於造作的本然狀態，
一切所行皆要符合佛法，
並從往昔聖哲的生平中獲得鼓舞啟發！

嘉瓦果蒼巴貢波多傑：最後的教言

我心如虛空，無生亦無死。
我心如虛空，沒有中心或邊圍。
我心如虛空，不受束縛或解脫[51]。
我心如虛空，無高也無低。

在說完這些話之後，果蒼巴安住於自心本然明光的平等捨、虛空般的法身中，然後離開了人世。

巴楚仁波切：引介心性

～這個關於巴楚仁波切為弟子引介心性的故事，來自紐殊堪仁波切的口述，並由作者記錄。

在山間草地上，巴楚仁波切和隨行弟子紐殊隆拓（Nyoshul Lungtok）

51從究竟的觀點來看，心從未真的受到無明所束縛，因為它清淨覺醒的根本自性是無可改變的。因此，當遮蔽此一自性的蓋障消失時，心並非真的「解脫自在」，因為它從未實際受到奴役。

於星空下入睡。突然之間，巴楚仁波切對紐殊隆拓說：

「你是不是對我說過，你還沒認出真實的心性？」

「是的。」

「那倒不難。」

於是巴楚仁波切叫紐殊隆拓躺在他身邊。隆拓躺了下來，凝視天空。

巴楚仁波切接著說：「你有沒有聽到寺院的狗在叫？」

「有。」

「你有沒有看到星星在閃耀？」

「有。」

「嗯，那就是心性。」

紐殊隆拓當下見到了他的心性。多年的禪修和上師的親臨，再加上那特殊的時刻，使得他內在的了證達至頂峰。

第十二章：隱士

隱士（閉關者）的志業常常受到誤解。他們與世隔絕，並非因為覺得受到排拒或找不到比在山間流浪更好的事情來做，也非因為他們無法承擔責任。隱士之所以做出這種看似極端的決定，乃因他們了解到，在永無止境、徒勞無益和令人分心的日常活動之中，他們無法控制自心並解決苦樂的問題。他們不是避世，而是與世界保持距離，以便正確地看待世界，更加了解其運作的方式。他們不是逃離同胞，而是需要時間去培養真正的慈悲，那是一種不受苦樂、得失、稱譏等世俗掛慮所左右的真正慈悲。如同練習音階的音樂家或鍛鍊身體的運動員，他們需要時間、專注和持續不斷的修行來掌控內心的混亂，洞悉生命的意義，以便能運用智慧來幫助其他眾生。他們的座右銘或許是：「轉化自己，進而把世界轉化得更美好。」

日常生活的混亂會使修行難以進步，內在的力量難以發展。投入夠長的時間以專注修心，乃是最佳的作法。受傷的動物會躲在森林裡療癒傷口，直到牠可以再度出來走動。我們的傷口源於自私自利、怨恨、執著和其他的心毒。

隱士不像一些人所想像的「在小屋裡自生自滅，頹廢度日」。那些真正體驗過這種生活的人會告訴你，他們因隱居而成熟。對安住於當下清明正念的人而言，時間不會有散亂度日的沈重，而是有著徹底品嚐生命的輕盈。如果隱士對某些世俗掛慮失去興趣，不是因為生命變得索然無味，而是在各種的活動之中，選擇了真正能夠對自己和他人之安樂有所貢獻的事情。

桑傑溫慈達瑪森給

從圓滿的佛陀到當代的上師，所有的修行大師和偉大學者都捨棄了今生的俗務，全心投入佛法，藉以利益法教和無限眾生。

他們不受世間八法的染污，一輩子都在修行，接受所有的艱困，不在乎身體和性命；除了在野外僻靜處或隱居所修持佛法，什麼也不做。他們並非愚夫，也非不知如何過日子，或身為兒子卻不想管家族事務。在今日所謂的修行者中，像這些聖哲般過生活的人如白晝星辰般稀有。即使有少數這類的修行者，也大多受到生活境遇的影響，極少能抵達修道的盡頭。

如果我們真的想要達到佛法的究竟目標，就必須符合六種條件，才能領會隱居的益處。

遍智的龍欽巴[52]描述了以下六種條件：

一、上師不在身邊時，能夠仰賴自己的力量。

二、沒有需要清除的疑慮或需要移除的障礙。

三、沒有疾病和魔怨的困擾。

四、遠離世間眾生的陪伴。

五、已然領受利益自己和眾生的所有教導。

六、對於究竟勝義的見地具有清晰的了解。

賈色托美

在僻靜處，

沒有要擊敗的敵人，

沒有要保護的家人，

---

52 嘉瓦龍欽冉江（Gyalwa Longchen Rabjam）可說是寧瑪派最著名的學者和修行大師。參見本書附錄的人物簡介。

沒有要敬重的上司，
也沒有要命令的僕人。
持誦嘛尼咒者，
除了調伏自心，
哪有別的事要做？

果然巴索南嘉稱
以心觀心，
此為這位乞者的修行覺受。

珍愛他人勝過自己，
此為這位乞者的修行運用。

嘉瓦揚貢巴

在「死亡之念深植於心」的孤寂處，
那「深深厭惡執著」的隱士，

藉由捨棄對今生的念頭而為閉關處劃下界限，
而且絕不會見那些稱為「世間八法」的訪客。

吉美林巴

置身人群，瞋恨與執著因而增長，
置身野外，良善的特質發揚光大。
因此，要住於孤寂的山間，
並觀賞你自心的奇觀！

從此刻起，
受到出離之風的吹動，
點燃空性與慈悲之火，
用觀照之扇煽動火焰，
焚燒凡俗之心及其念頭之柴！

直貢敦珠卻嘉

迎合世間八法，
有如落入陷阱的鹿隻耗盡生命，
世間八法徒勞無益且永無止境。
應盡力生起出離心，
此乃我衷心的忠告。

輪迴的活動有如水上漣漪：
當你生命耗盡，它們卻永不止息。
爾後，只設定短期的計畫，
此乃我衷心的忠告。

傑尊札巴嘉稱：遠離四種執著

若執著此生，則非修行者；
若執著世間，則無出離心；
若執己目的，則無菩提心；

若執心生起，則失正見地。

夏嘎巴

讓修行時間的長短，
等同於自己的壽命；
在僻靜的山間閉關，
從此處流浪到彼處。

夏嘎巴

聽從上師的教導，不離開此地，直到心中生起明確、純正的禪修覺受和了證。夜晚時分，我不會像一般人那樣採取死屍般的睡姿，而是保持雙盤坐直的不倒單。與其耽溺於無意義的閒談，我寧可時時刻刻維持禁語，而且僅於日中一食。我獨自生活，除了上師的教導之外，什麼也不想。在隱居的生活中，我不求舒適，而是堅持不懈，並且接受其中的種種艱困。避免令人散亂的一切俗事，直到我的了證達至穩定。簡言之，為了不讓身、語、意迷失於塵世，我應日以繼夜地修行。

夏嘎巴

雪獅不會在雪山凍僵；
禿鷹不會從天空落下；
魚兒不會於水中溺斃；
行者不會因飢餓而死。

故當拋開今生的掛慮！
亦當放棄未來的計畫！

夏嘎巴

妙哉——安住於明晰的寧靜，
那天空般的平等之境！

喜哉——無論日夜、室內室外、睜眼閉眼，
覺性都不會因而不同。

妙哉——色界如彩虹般
在法界不變的虛空中顯現！
喜哉——空盡輪迴的深淵，
帶領一切眾生邁向覺醒證悟！

您們的智慧如虛空般廣大浩瀚，
如了無障蔽的太陽般明亮光燦，
如水晶般清澈透亮，
如山岳般堅定不移，
我禮敬且皈依諸尊；
請將您們的恩慈之浪賜予我。

仁津卻吉札巴

觀照是一切特質之源，

要如受傷後躲起來的動物，
放棄令人分心散亂的事物，
獨自住在僻靜之處，
此乃我衷心的忠告。

如果無法保持觀照，
你還比不上住在荒郊的野獸。
費力思量你所剩的時間無幾，藉以激發勇氣，
並放棄所有令人散亂的事物，
此乃我衷心的忠告！

拉尊南開吉美

呸！（Phet）[53]

如果你想要真正地修持法教，
就絕對不可仰賴任何人事物。

如果你想要擁有真正的精進，
就根除最後一絲一毫的我執。
如果你想要擁有真正的淨觀，
就要將一切事物都視為上師。
如果你想要擁有真正的內在寂靜，
就日以繼夜地加以維繫。
如果你想要擁有真正的內觀，
就將你感知的一切融入明覺。
如果你想要使止觀禪修穩定，
就別再分別動念心和安住心。

53 一種感歎詞，用來斬斷一連串的念頭，喚醒心的本然明性。

敦珠仁波切：對於閉關的忠告（一）

所有帶著串習的貪欲對境皆是障礙，因此我們要培養一種不想擁有它們的態度。關於財富和財物，如果你不懂得少欲知足，一旦你得到一個，就會想要兩個，因此那所欲對境的欺詐惡魔就不難趁虛而入。

無論人們如何誇讚或詆毀，都不要信以為真，也不要對其存有希望或疑慮、接受或排拒，隨他們怎麼說，彷彿他們是在談論一個已經入殮的人。除了具格的上師之外，所有人，甚至包括你的父母，都沒辦法給予正確的忠告。因此，管好自己的一舉一動，不要像牛一樣把鼻繩交給他人。你應該態度和善，知道怎麼與大家和睦相處，而不會「把別人的鼻子燒焦」（觸怒他人）。事實上，如果有誰妨礙你修行，不論他是上司或下屬，你都應該像一個用絲巾怎麼也拉不動的鐵塊那般堅定不移。如果你軟弱得像隘口上的草兒那般隨風搖擺，就無法達到目的。

不論你從事什麼修行，從開始的那一刻起，不論是閃電從天空擊下、湖水從地底湧現，或岩石從四處落下，在你以性命來立誓之後，就應該堅持不懈，直到達成究竟的目標。打從一開始，你就應該逐步制定一個固定的時間表來修行、睡覺、用餐和休息，不容許任何壞習慣的干擾。不論你修持的方式為繁複或簡明，都應該均等且規律，千萬不要三天捕魚、七天曬網，並且連須臾之間都不允許進行俗事。

在閉關期間，不論出入口是否封閉，你都不能說話、窺探或與他人正面接觸。徹底棄捨徬徨焦躁之心，呼出陳滯的氣息，採取正確的坐姿。讓心安住於明覺中，如同打入堅硬地面的木樁，連一彈指的時間都不動搖。

嚴格的外、內、密閉關，可以迅速引發所有的徵相與特質。如果你因為某個重要的理由而與某人見面且交談，心想：「在此之後，我會很嚴格地修持」，那麼你的修行前景便會因這次的違犯而逐漸消褪，而且愈來愈鬆散懈怠。如果在一開始就下定決心要保持禪坐，並讓你的閉關愈來愈嚴格周密，你的修行就不會受到障礙所襲擊。

我們可以用許多方法來檢視閉關處的特定條件和地理形貌，但一般來說，只要該地受到蓮師和具有偉大成就的祖師們所加持，且未受到違背殊勝法緣的人所染污，皆是適合閉關之處。符合個人的偏好，食物和必需品等種種順緣都容易取得的獨居地，也是適合閉關之處。時時摒棄外在與內在的娛樂，住於無為，即是住於真正的僻靜處。

至於要如何實際地清淨自性，共通的層面為四轉念（轉心四思維），不共的層面則是皈依、發菩提心、淨除遮障，以及積聚二資糧。在你根據釋論所言，孜孜不倦地修持這些層面，終而擁有真實的覺受之後，便應該將不可思議的上師相應法視為修行的精要，努力修持。[54]若非如此，禪修將進展遲緩，而且即使稍有增長，也容易受到障礙所損而無法生起真正的證量。

因此，若能懷著單純、熱切的虔敬來祈請，則一段時間之後，透過上師內心了證（heart-mind realization）的傳遞，不可思議、無法言傳的了證肯定會於內在生起。如喇嘛香仁波切（Lama Shang Rinpoche）所說：「滋養止寂、覺受和甚深禪定，皆為稀鬆平常之事；然而，透過因虔敬力所致的上師加持而於內在生起的了證，卻極為稀有難得。」

54四轉念來自對於以下的思量：人身之殊勝與難得、一切事物之無常、因果法則之無可逃避，以及輪迴之過患與痛苦。上師相應法是指與上師的自性相融，它不只是前行的精要，也是所有修行的精要。

第十三章：加深修行

「修行」這個概念似乎暗示著一種義務感；它當然包含要規律且努力訓練自己的承諾。對於朝著覺醒證悟前進的學生而言，這是不可或缺的條件。如果初學者未能建立定期、規律的修行習慣，也未能奉行特定的戒律，則將很難讓心穩定下來，進而培養利他慈心和其他必要的特質。

修行有「轉向內在」和「對他人開放」兩部分，並且是從內省開始，讓修行者覺察到自心的正、負兩種面向，以便鼓勵前者且糾正後者。其次，在修行者持續清淨自心的同時，也要擴展觀照的範圍，對於因內心負面影響而受苦的一切眾生，發展出衷心的關懷。

定期且規律的修行是必要的，此舉能使修行者逐漸理解、吸收純正上師的甚深法教。本質上，它是內在成長的歷程，將使修行者脫離那根深柢固、使其置身痛苦輪迴的習性。

修行者在一天當中的禪坐時間，從幾分鐘到數小時不等；在閉關時，甚至可能會日以繼夜。多年之後，座上與座下禪修的分別消失了，心終而能解脫自在，修行與日常生活之間便不再有所區隔。

以下的教導專為修行者所設計，探討如何開展修行、加深修行，同時避免那些必然會阻滯修行的障礙，以及如何建立修道上的持續性和平衡性，直到修行融入生命的每個刹那。這些教導都來自今昔的聖哲，是他們自身體驗的直接表現。如傳統的措辭所述，聖哲在提供這類教導時，彷彿打開胸膛，毫無保留地「讓我們看他們紅通通的心臟」。因此，在進行這些教導的觀修時，我們也必須以自己的內在覺受來和教導相連，唯有如此，它們的完整內涵才能呈現，而其真諦、深度和美妙也才會成為源源不絕的啟發之泉。

直貢東竹卻賈

對於不實修、不運用法教的人來說，
法教就如回音一般，毫無意義。
所以，要把法教融入自己的心；
這是我衷心的勸告。

帕摩竹巴多傑嘉波

若能致力修行而孜孜不倦，
各種顯相將成為你的上師，
於是你在過世前便能了悟，
整個現象世界即無上大樂。

欽哲卻吉羅卓：修行的關鍵要點

頂禮鄔金尊主，
無與倫比的皈依處！

如今你已獲得人身，
其為卓越的所依物，閒暇且圓滿，
切勿白白浪費。
應當用盡方法擷取它的精華。

心是萬法之源。

若你沾沾自喜且漫不在意，毫不加以審視，
它就會成為一個大騙子。
若你仔細觀察，
它卻既無根源也毫無依據。

所有輪迴與涅槃的現象，
都是清淨與不淨的戲耍，
除此之外無他。
在本初清淨且空虛的根本自性之中，
輪迴與涅槃都不具絲毫的存在。

空性不僅是空無。
它任運展現為明燦的智慧，
明覺與慈悲從中閃耀光芒。

明覺沒有名相，也沒有特徵；

而從它的妙力，生起了輪迴與涅槃的各種樣貌。
然而，生起者（所）與使其生起者（能），並非為二。
應當純粹安住於此無二無別之中。

靜止不動，安住於身的寂靜；
自然呼吸，安住於語的寂靜；
不追逐執著，安住於意的寂靜；
安住於廣大、輕安、自在的狀態。

此無生法身之明覺，
並非是因緣的產物，
而是自現，生動、單純、本然，
不會因主客的見解而改變，
也不因概念的造作而改變。
安住在此無勤作的觀修中。
然而「安住」只是個用語；

事實上，沒有安住者，也沒有安住的對象。
應當時時刻刻、了無散亂，
保持對於明空法身本貌的認清。

迷妄的輪迴活動沒有終盡；
你越投入，它們就越增長，
且有越多的愛憎念頭入侵你心，
因而製造投生下三道之因。

應當信任佛法，
把身、語、意融入佛法；
由於就此進入了解脫與證悟之道，
在死亡時便能不帶追悔。
今生和未來的生生世世，
你將能從大樂前往大樂。

觀想大慈待你的上師於頭頂或心間，
他無別於偉大的鄔金尊，
對其生起熱切的虔敬心。

無論事情好壞，快樂或痛苦生起，
都向如父的上師祈請，
把你的心融入他的心，
安住於此合一的狀態。

當死亡來臨，
放棄所有的貪愛與拒斥，
觀修鄔金怙主在你頭上。
觀想你的心識為種子字「啥」（hri），位於平圓的光盤上，
它融入鄔金怙主的心間。
若於生時規律修持此法，
到了死時將能輕易想起。

同時也要祈願投生於吉祥銅色山。55

簡而言之，
修持佛法即是要斬斷所有的輪迴束縛，
對於六道一切眾生則生起柔和的慈悲，
並且隨時都了無散亂地徹底掌握自心。

儘管我沒有任何的內在證量，
但我——稱為卻吉羅卓者——這個心無佛法、卻以法財維生的人，
純粹因為不想拒絕崇高善女子佩汝（Pelu）之請，
因而寫下了這些忠告。

薩瓦　曼嘎朗（Sarwa mangalam），願一切吉祥！

55吉祥銅色山是蓮師的淨土。

第十四章：見、修、行

見（view）、修（meditation）、行（action）是精確解釋佛教修持內涵的三個主題，並且在所有的法教中一再出現。「見」是指我們覺知實相的方式，並且以分析和觀修為基礎。我們通常認為現象為堅固、實有，「見」則使我們確實了解現象並不具有這種屬性。每件事物都是相依、無常的，而且沒有獨立的存在。「見」尤其是指看見自心本性。「修」是藉由熟悉的過程，逐漸消化吸收「見」的方法，直到「見」和我們融合為一。「行」是把我們在「見」與「修」之中獲得的覺受，透過行為來付諸實行，進而與世界連結的過程。

龍欽冉江：讓心解脫自在的六個重要教導[56]

「見」專注於心的本身：認清它的真實本性。

「修」專注於明光性質：讓它達到其圓滿的輝耀。

「行」專注於如幻現象：使一切事物顯現為修道的一部分。

觀修的覺受是實相本身的顯現：斬斷執著之根。

其成果是本然的當下：捨棄希望與恐懼！

證悟的事業是利益眾生：用悲心引導他們！

阿底峽尊者

一天，種敦巴（Dromtonpa）[57]問阿底峽：「只觀修空性見地，有可能成佛嗎？」

阿底峽回答：「不論你看到什麼、聽到什麼，沒有一個不是來自你的心。認出你的心是空虛的明覺，不具任何實體，即是『見』。保持那種認識而不間斷、不散亂，即是『修』。在保持那種認識的同時，以了知一切為幻的態度來積聚福德與智慧，即是『行』。」

「如果你讓它成為真正的內在覺受，它將在你夢中顯現。如果它在夢中顯現，便會在死亡的剎那顯現。如果它在死亡的剎那顯現，便會在死後的中陰狀態顯現。若是如此，你肯定能證得無上的成就。」

至尊多羅那他

見、修、行相互依存，有如一堆矛靠在一起，必須三者共同實修。沒有「見」，不論行為表現得多麼美好，都還是涉及執為實有的信念，因而導致輪迴延續；沒有「行」，「見」無法圓滿福德的積聚，還可能使修行者落入斷見的深淵；沒有「修」，「見」與「行」如同埋藏於地底的寶藏那般無用，就像埋藏在窮人小屋底下的無盡寶藏無法使他免於飢餓。儘管「見」與「行」可能已有大篇幅的講解，但如果沒有「修」，它們仍然無法讓心融入佛法，並且必要之時，卻毫無用武之地。

56中譯註：提供索達吉堪布的藏文中譯〈最深解脫相續之六法〉，希望讀者能更清楚了解：「見　心性認識其本面；修　光明境界詣明性；行　如幻所行轉道用；體驗現　法性斷貪執；果位自具放下希憂執；事業利他悲心度衆生。」

57阿底峽的主要西藏弟子，也是噶當傳承的創始者。

一、見

第五世達賴喇嘛雅旺羅桑嘉措

所有現象都是本初清淨的，找不到位置且空虛；
它們雖如魔術表演般空虛，卻清楚顯現於覺知；
檢視那顯現於覺知的現象自性，想找出可指認的事物，卻發現它並不存在。

儘管自性並不存在，卻能讓所有快樂與痛苦的體驗生起。

頂果欽哲仁波切

所有現象都透過因緣的虛幻戲耍而從空性中生起，也正是因為空性，一切事物才得以顯現。正如虛空讓整個宇宙在其中開展，其本身不受任何影響或改變；或如天空讓彩虹有可能顯現，同理，現象是空性的「裝飾」（莊嚴），但空性從未受到顯相的染污。

格西洽于瓦

主體與客體，如檀香木及其芳香，
輪迴與涅槃，如冰與水，
顯相與空性，如雲朵與天空，
念頭與究竟自性，如波浪與海洋。

嘉瓦龍欽冉江

有如清澈湖面上的映影，
各種現象在顯現的同時，
並沒有獨立自主的存在。
今日，要對此生起定解，
一切都只是空虛的色相。

有如清朗而無雲的天空，
心性這位國王乃是法界。
今日，要對此生起定解，
心性，向來都是無生的，

空虛且明光，無有變異。

有如在虛空蒸發的雲朵，
各種念頭於法界中任運解脫。
今日，要對此生起定解，
在實相中，任何生起的事物皆無可執取且自行消融。

如美麗的鳥在虛空翱翔，
要認出此心為虛空本身。
藉由展開禪修覺受和了證的雙翼，
了解其自性為無住（nondwelling）之法界。
有如無瑕天空中的虹彩，
念頭在心性中閃現微光。
今日，要對此生起定解，
不論生起什麼，都是不折不扣的心，空虛且明光，
超越任何執著。

有如一段旋律，
所有事物都是來自眾因，
本身不具實有。
今日，要對此生起定解，
一切事物皆為本初自性，
空虛，沒有根源或基礎。

有如不變天空裡的雲朵，
負面行為和負面情緒，
以及所有好壞的事物，
皆源自於心、取決於心，
然而心性卻是既無根源，也無基礎。

有如濁水沈澱轉而清澈，
今日，要對此生起定解，

藉由讓念頭保持如是，
它們將自然變得清明，
並在法界中任運解脫。

雪謙嘉察

禮敬上師、諸佛菩薩！

我向所有證得無上本初解脫的大師敬禮。
他們出於悲心而留駐於此，
為的是要空盡輪迴的深淵。

我將淺談如何運用菩提心此勝妙之藥，
以摧毀對於實有的執著。
菩提心乃大乘修道之要，
一切諸佛菩薩都曾經行於此大乘之道。

正如大地蘊藏著清澈無瑕之水，
煩惱中也蘊藏著勝妙本初之智。

它是甚深、寧靜、非造作之真如，
一種非和合的明光廣空；
不生、不滅，本初寂靜，
任運而在的涅槃。

正如芝麻籽內充滿了芝麻油，
如來藏也是本初就在，
無別於一切眾生的本然狀態。

受到主客迷妄之見的障蔽，
遭到三種串習之繭的包裹，
如同藏在窮人屋下的寶藏，
此一自性也仍然未被認出。

自無始以來，
你一直在輪迴的廣大平原上徘徊，
此輪迴看似顯明，卻不真實。
哀哉！此乃無明與業的力量。

在頂禮於純正上師的蓮足下之後，
你應該運用他的教言甘露，
清淨我執的垢染。

儘管我尚未做出絲毫的傷害，
但我的敵人「我執」，
自無始以來已在我心中挖掘壕溝，
把我監禁在駭人的輪迴牢獄之中。

它（我執）把成百成千的各種折磨加諸於我，
然而我非但不怨恨它，

反而還信任它，任其支配。
豈有任何災難、迷妄比這個更嚴重？

錯誤的安忍是可鄙的。
應當把三寶當作依止，
騎乘不退轉的出離心之馬，
披上四無量[58]的盔甲，
集結六波羅密的軍隊。
今天，我要用空性和悲心的利刃，
宰了我的敵人！

就像有人誤把繩索當成蛇，
要了解自我只不過是錯誤的感知：
它不存在，欠缺本具實相。

58四無量是慈、悲、喜、捨。

藉由不斷轉動探究之輪，
你將對眾生和現象皆不存在的事實產生信心；
假以時日，進而能對於
「相依緣起之幻」、「了無假說之空」
此二諦毫不牴觸且本質為一的道理生起定解。

敦珠仁波切

簡言之，從一開始，明覺從未是具有繁複特徵的實體；它的自性為本淨、空虛、寬廣、遍在。空性的光燦無可阻礙，輪迴與涅槃的現象之洋，則如太陽及其光芒般任運顯現。由於明覺會自然呈現出本初智慧功德的勝妙任運展現，所以，它並非空無一物。

二、修

仁津卻吉札巴

若未透過禪修而獲得內在覺受，

也未透過禪修而徹底釐清見地，
則無法透過辯經或閱讀來達到上述的目的。
應當持續不斷禪修，
這是我衷心的勸告。

第七世達賴喇嘛格桑嘉措

在禪修期間，保持心如虛空般無礙；
在禪修過後，把事件之流視為彩虹；
如此一來，就可把那些誘惑世間的事物視為無實的迷幻之相。

喜與悲是夢中的舞蹈；
色相與一切所見是魔術師所投射出來的城鎮；
音聲如洞穴裡的回音；
執著於此，便是無知的孩童。

好比有人面對鏡子，

容貌清晰映現其上，
一切事物清楚顯現，同時空虛。
同理之故，因與果也從不出錯。

仁津卻吉札巴

心的本身向來離於心意的造作：
沒有必要沈湎過往或引頸期盼未來。
無論發生什麼，
都要超越念頭，
了無執著、了無散亂。
在念頭出現的剎那就把它放開、讓它解脫：
此乃我衷心的忠告。

不將感官的感知一一封鎖，
不視其為真，不加以追隨。
無論感知什麼，就讓它解脫於心的本然狀態之中：

此乃我衷心的忠告。

直貢敦珠卻嘉

無所不能的心有如魔術師，

它讓輪迴的苦難、涅槃的安樂等一切顯現。

應當小心翼翼地保持你對心性的認識，

此乃我衷心的忠告。

敦珠仁波切：對於閉關的忠告（二）

因此，在內心斬斷所有關於「見」的疑慮和誤解之後，對於「見」的持續體驗，稱為「修」。除此之外，各種由思想所創而具有目標、對象的智識上的禪修，都不是我們所要從事的禪修。

我們不偏離那穩定的「見」，而是保持自在，讓五種感官的所有感知如實地保持在各自的本然狀態中。切勿觀修特定的細節，也不要想著：「這是這個，那是那個」。如果你對此「觀修」，那就是智識；這裡並無要作觀修的對象。切勿分心散亂，連一剎那也不行。若你未能安住於明覺本身而游移不定，那就是真正的迷妄。所以，千萬不可分心。

不論生起什麼念頭，就讓它們生起，不要追隨或阻礙。你或許會問：「我該怎麼辦？」無論現象世界生起什麼，只要安住於本然清新的狀態，就像小孩往寺院裡觀看那般無所執取。當你這麼做的時候，所有現象都會保持如實的面貌，其外觀、顏色不會改變，光彩也不會消失。儘管現象世界呈現在我們眼前，只要不用概念和執著加以染污，所有顯相和念頭都將生起為空虛、光燦的赤裸本初智慧。智識狹隘的人，會因所謂極深、極廣的眾多法教而感到困惑。因此，如果要用一根手指點出所有法教的精義，我們會說：在過去念頭已經止息、未來念頭尚未生起之間，是不是有一種當下的覺知，一種原始、純淨、清晰、覺醒、赤裸、從未有絲毫改變的清新？吙！這就是明覺本然安住的方式。

然而，它不會一直安住在那種狀態之中：念頭不就是突然生起的嗎？那是明覺自身的本然展現。然而，如果你並未在念頭生起的剎那，認出它是明覺自身的本然展現，它將延伸而擴展為種種凡俗的念頭，這稱為「迷妄之鏈」，也是輪迴的根源。如果你在念頭生起的剎那，立刻而純粹地認出它的自性且不加以擴大，就讓它們保持原貌，那麼不論生起什麼念頭，它們都會在「明覺—法身」的廣空中解脫。這即是「立斷執實」（cutting through solidity）[59]見修合一的主要修持。如噶拉多傑[60]所說：「當明覺猛然從本淨廣空的本然狀態中生起，這個憶念的剎那，有如在深海底部找到了寶石，那是非造作、非人為而來的法身。」

你應該日夜都充滿精神地如此禪修，絕不分心散亂。不要讓空性停留在理論的範疇內，而要把一切都帶回於明覺的本身。

岡波巴

不先了解就進行禪修，
可能會帶來暫時的利益，
但無法達到真正的目標。

---

59 即「且卻」（Trekcho，藏khregs-chod，立斷），大圓滿的法門，斬斷心中對於主客概念的堅實想法。

60 噶拉多傑是大圓滿傳承的第一位（人間）上師。中譯註：語出敦珠法王〈山居閉關學處實修直指教授·擷取悉地精粹〉，在此提供藏文中譯，幫助讀者了解：「本來清淨法界本性中，覺性乍現，如此剎那念，如於海底獲得摩尼寶——法身無為，誰也無法造。」

無論你燒熔了多少金銀，
一旦火熄滅了，它們就再度變硬。

默秋巴仁謙聰助
在這虛幻肉身的山上，
心識的幼獅正在戲耍。
那些知道如何無執對待六種感官的人，
必能降伏世間存有與出世度脫的一切。

在無明之網中，
棲住著心識的大鵬金翅雛鳥[61]。
那些學會使用方便與智慧雙翼的人，
必能翱翔於六道的天空之中。

看啊，用這個心來看外在世界。
於看了外在世界以後，

你將了知，顯相如同鏡子所映照的影像，
不具本有的自性。

看啊，用這個心來看內在的心。
於看了內在的心以後，
你將了知，心如同不受微風擾動的蠟燭，
不具散漫的念頭，它即是明性。

看啊，用這個心來看內外之間。
於看了內外之間以後，
你將了知，〔二元經驗〕諸相如同太陽於天空中升起，
於它們各自所來之處鬆綁。

修，用這個心來修甚深的方便道，
於修了甚深的方便道之後，

61 在印度神話學裡，大鵬金翅鳥（garuda）是一種體型碩大的鳥，擁有無比非凡的力量。

你將了知，自心彷彿得到優秀嚮導的指引，
抵達它想要到達之處。
修，用這個心來修大手印[62]：
於修了大手印之後，
你將了知，諸顯如同蔓延開來的森林大火，
對你有益。

轉，把這個心轉向漫無目標的乞討：
於漫無目標的乞討之後，
你將了知，念頭如同灑落在湖面上的雪花，
一旦降下，就立刻消融。

米龐仁波切

在這個世界上，
無盡的短暫、過渡現象，都是心的魔術。

除了凡俗念頭之流以外，
並沒有別種輪迴的痛苦。

快樂來自於心，痛苦也來自於心。
上三道和下三道，天眾和魔眾，
所有的善與惡，
皆是心的魔術，
除此之外無他。

放棄想要做此或修彼的任何欲望，
以定解來識得心性，那萬法之源，
當你認出心的不變、本然狀態時，
就安住在那當下的相續中：
於此，你擁有了一切教言的精要。

62大手印（Great Seal或Great Symbol，梵Mahamudra，原意「大印」）是關於心性的法教，可與大圓滿的心性法教相比。

如果四魔羅的軍隊攻擊你，它仍然是心；
如果天眾與魔眾忽然出現，它仍然是心；
即使體內四大元素的失衡，都有相同的本源。
從無可記憶的時間以來，
習性的力量使持續流動的不安念頭變得如此堅實。

虛幻軍隊的攻打難以擊退，
但在究竟上，
它們和海市蜃樓一般不具力量。

當瑜伽士輕安自在地住於廣大明覺之中，
他彷彿自行治癒疾病一般，
認出實相、了達心性，
並且憶起念頭的惡習；
而這些念頭有如把頭抬得比主人還高的僕人。
他將看見大樂之陽從心間生起。

當你降伏念頭這個敵人時，
輪迴三界便再無其他敵人，
沒有惡魔，也沒有巨大的恐懼。
瑜伽士，你贏得了究竟的勝利。

當你解開自心的祕密，
當你了知實相的覺受，
諸多的思考與修行就只會造成枯竭耗盡。
不論修持什麼，
都能用這單一要點而重新獲得修行之果：
讓心再度發掘它自己的本性。

三、行

羅睺賢

隨時隨地都要為眾生的利益祈願而無有疲厭。入睡時：「願一切眾生證得究竟自性！」晨醒時：「願一切眾生覺醒為佛！」起身時：「願一切眾生擁有佛身！」著衣時：「願一切眾生擁有羞於作惡的能力，並在他人面前保持自制！」生火時：「願他們燃燒煩惱之柴！」飲食時：「願他們享用禪定之食！」開門時：「願他們通往解脫之城！」關門時：「願他們關閉投生惡趣之途！」出門時：「願我為了一切眾生踏上解脫之道！」前往某處時：「願我帶領上三道的一切眾生！」抵達某處時：「願我解脫下三道的一切眾生！」看見他人快樂時：「願一切眾生尋得佛果之樂！」目睹他人痛苦時：「願一切眾生離於痛苦！」

岡波巴

切莫與虛榮自負者爭執，
切莫與財富豐裕者相比；
切莫詆毀意圖報復者，
切莫怨恨有權有勢者。

捨棄不良的風俗習慣，即使它承襲父親或祖先，
採納良善的風俗習慣，即使它是由敵人所奉行；
切勿服毒，即使它來自母親之手。
黃金，即使由敵人贈予，仍然具備所有的特質。
當有人把高山扛起時，
並非人人都刮目相看，
卻把自己身上的一點點羊毛，視為沈重的負荷！

頂果欽哲仁波切：止息煩惱

我們通常會說：「自制是智慧之兆；了無煩惱是修行覺受成熟之兆。」[63]同樣的，當一個人博學多聞、具有智慧時，他會變得寧靜、平和、節制，而不魯莽狂妄。經年累月的修行無論讓你進步了多少，你都不會在乎舒適與否。你完全沒有驕慢，而且總是處於平和寧靜的狀態，不受外在事件的困擾；帶著一顆謙卑的心，超越希望和疑慮，對於利、衰、毀、譽、

63中譯註：藏文直譯為「寧靜調柔為聞法之標誌，煩惱微少為禪修之標誌」，原是祖師大德所言，後經敦珠法王引用，而常被人當作敦珠法王的開示。

稱、譏、苦、樂等世間八法漠不關心。俗話說：「在修行當中，困難在一開始就會生起；在俗務當中，困難則到了最後才會出現。」這表示，當你放棄世間事物而全心投入修行時，可能會遭遇外在和內在的障礙，但你越是堅持不懈，越能獲得更多的快樂。相反地，世俗活動在剛開始時，會為你帶來短暫且表面的滿足，但很快地，你將面臨失望的痛苦……。

你應該放棄其他念頭，只關心佛法。毋須想著財富、名聲和權勢，而應該培養謙遜。不要只在閉關的那幾個月才這麼做，而要終生奉行，直到死前的那一刻。當死亡降臨時，置身於世人之中是無用的；最好能死在空虛的洞穴，專注一境地融入修行。如果你擁有這種心態，將不會受困於魔羅所設下的障礙。

你必須時時檢視自己是否成功地運用法教來調伏煩惱。如果某個修行帶來相反的結果，例如煩惱和自私不減反增，就代表它並不適用而應該放棄。一旦你開始修行，不要隨便聽從任何人的忠告。你要像一頭剛逃出陷阱的野獸，盡可能跑得越遠越好。你必須徹底離於輪迴，而不要一腳在內、一腳在外。

置身於大型的聚會時，絕不失去正念。保持非造作的離戲狀態，憶念上師的教導。

你應該像個與新生嬰兒分離的母親。剛生產完的女人，對孩子極為關愛、呵護備至，如果有人把孩子帶走，即使時間極為短暫，她仍然會不停思念。同樣的，你應該永遠不離正念和警覺。

即使就在今天，死亡像閃電般擊中了你，你也必須毫無悲傷或悔恨，對於後事了無執著地說走就走。你應該像老鷹翱翔於藍天那般，安住在你對「見」的了知當中，如此地離開人世。

老鷹飛入浩瀚天空之際，從不會想：「我的翅膀沒辦法帶我往上飛，我飛不了那麼遠。」同樣的，臨終時，要憶念上師及其教導，用全然的信心來追隨。

敦珠仁波切：對於閉關的忠告（三）

現在要談的是，我們如何透過「行」來使禪修更進一步，以及如何從內在體驗的角度來對此評估。如前所述，深切的虔敬心最為重要，因此，要時時刻刻且毫不間斷地視上師為佛陀親現，並懷著由衷的熱忱向上師祈願。我們稱此為「圓滿的虔敬心，普世的靈丹妙藥」。就驅除障礙和開展修行來說，深切的虔敬心遠勝於其他方法。有了它，行者便能以極大的動力一一穿越修道的各個次第。

禪修時可能出現兩種過患：如果禪修變得昏沈愚鈍，就要喚醒敏銳的明覺；如果變得散亂狂野（掉舉），便從內在深處放鬆知覺。然而，（在這個階段，）不該用平日禪修的警戒心來作刻意、強迫的糾正。只要保持正念，不忘認出自性，並在行、食、坐、臥之時，座上或座下禪修期間等任何情況下都如此奉行。即使生起快樂、痛苦或污穢的念頭，都不要有絲毫的希望或恐懼、排斥或接受，也不要嘗試用對治解藥來摧毀念頭。無論是快樂或痛苦的感受，就讓它們處於真實自性之中，赤裸、清新、明晰、廣大且清澈。既然再怎麼樣都只有一個重點，因此不要用各種深思熟慮來迷惑自己。你沒有必要觀修空性來作為對治解藥，也沒有必要在空性與各種不想要有的念頭、煩惱之間做出區隔[64]。如果你用明覺來認出那些不欲念頭的自性，在那個當下，它們將如盤蛇解結那般地自行解脫。

對於「光明金剛心要」（Luminous Vajra Essence）[65]的隱含勝義，大家就算不知道如何付諸實修，也幾乎人人都知道如何談論。它已經成為好似鸚鵡冗長覆誦那般枯燥的陳述。我們能夠修持此法，是多麼有福報啊！

現在，還有更多事情是我們需要了解、必須細思的。從無始以來，執著者與被執著者是把我們束縛於輪迴的兩個致命敵人。如今，仁慈的上師為我們引介了內在的法身自性，這兩個敵人已如羽毛般焚燒殆盡，不留痕跡。這豈不令人感到愉快？

在領受這條迅捷道的甚深教導之後，若不付諸實修，它們會像被人放在死屍口中的如意寶那般，這多麼可惜啊！切莫灰心喪志，而要開始修行。

初學者會發現，他們的心完全受到幽暗不清的念頭所侵擾，因而落入散亂；更多細小的念頭也不知不覺地增生，直到明晰的正念再度出現。那時，你將會悲傷地想著：「我剛才不知晃到哪去了。」在那個當下，切勿打斷念頭的流動，或對自己的散亂感到懊悔，總之這類的事情都不要做。只要安住在清晰的正念之中，繼續體驗本然的狀態。這就已經足夠。

64空性就是念頭和煩惱的自性。因此，沒有必要把空性強加為它們的對治解藥，因為那會是一種由智識造作出來的、概念上的空性。

65藏文od gsal rdo rje snying po，大圓滿法教的同義字。它是指心的「精要、本質」，其「光明」在於覺知的無限任運能力，不受無明蓋障的遮蔽。「金剛」有時翻譯為「極堅固」（adamantine）或「鑽石」，指的是這根本自性的無可摧毀。

一句名諺說：「切勿排斥念頭，要視其為法身。」。然而，在你能達到更寬廣的見地覺受前，光想著「這是法身」且安住在一片空白的寂止之中，會有陷入模糊散亂、無有性相而類似平等捨之中的風險。因此在一開始，不論生起什麼念頭，都要像老人觀看孩童戲耍那般，單純凝神看著而不作分析或沈思，安然做個念頭的「能知者」（recognizer）；不要在意念頭，也不要賦予它們任何重要性。

如此安住，你將會進入一種停滯於了無念頭之境的本然狀態。當這種覺受突然中斷[66]，超越心的智慧將在剎那間生起，赤裸、清新而鮮明。

在修行的道路上，必然會有摻雜著樂、明、無念的各種覺受，但如果你沒有絲毫的自我滿足、驕傲貪執、希望或疑惑，就不會偏離正軌。

極為重要的是，你要時時以專注一境、充滿警覺的正念來修行，了無分心散亂。如果你時有時無地修行，誤入理論智識的歧途，便會自滿於一種模稜兩可的寧靜。若是尚未獲得明確關鍵的覺受，你只不過是口才伶俐而已，不會帶來任何利益。如大圓滿法教所說：「理論上的了解像一塊補丁，隨時會掉落。」「覺受如同薄霧，將會消失無蹤。」許多大禪修者都曾因微不足道的善惡情境而偏離，以致迷失其中。即使禪修已深入內心，你仍然需要持續培養，否則深奧的教導將只會停留在書頁上，而你的心則對佛法和修行無動於衷，因而無法生起真正的禪修。保重啊，你們這些在修行上其實還屬於初學的老禪修者，可能會有「初嚐鹽巴卻就此過世」的風險！[67]

經過長時間修行之後，修行者因為熱切的虔敬心或其他緣境，修行的體驗蛻變為了證，而能赤裸、了然地見到明覺。彷彿拋棄了面罩，有一種廣大的自在感。此即「無所見乃最勝見」（the supreme seeing of the unseen）。此後，念頭的現起也成了禪修，當下即於「動靜平等」中解脫。[68]

起初，念頭因為修行者的認出而解脫，猶如遇見舊識；期間，念頭自行解脫，就像盤蛇解結；最後，念頭在沒有製造利弊得失的情況下解脫，好比置身空屋的小偷；這三者將漸進發生。然後，你將生起強烈且徹底的信

---

66 這是指上師傳授給弟子的技巧，為的是打破沉滯於止寂但昏沉的無念禪修狀態，以喚醒明覺的清晰能知。

67（直譯：只是嘴裡有著鹽巴味）這句話似乎是指一個人具足修持佛法所需的一切，也具有運用佛法的發心，但是最後因為無法堅持不懈而一無所成。

68 動（movement）與靜（stillness），這是指兩種可能的心之狀態：沒有念頭的靜，以及當念頭生起的動。中譯註：這一句是依照藏文翻譯的，因為英文無法清楚表達原來的意思。

念，相信一切現象都只是明覺的展現。空（空性）悲（悲心）之浪奔湧而來，輪迴與涅槃之間的偏好就此止息。你將了悟，諸佛與眾生都非善或惡。不論你做什麼，絕不離於對究竟自性的全然意足，日日夜夜處在不間斷的廣大相續之中。如大圓滿法教所說：「了證不變如虛空。」

巴楚仁波切

～這個故事來自紐殊堪仁波切的口述，並由作者記錄。

一天，巴楚仁波切問他忠誠的弟子紐殊隆拓：

「你在祈願時，會向哪一位上師祈請？」

「可惜的是，我無法長時間祈請。」

「嗯，或許你有時候沒辦法做到，但在你能專心時，是向誰祈請？」

「是您啊。」

「為什麼是我？這個國家又不缺上師！」

「如果我有善念，即使只維持短暫的時間，那都是因為您和您的教法之故。因此，這讓我想到您所給我的無盡仁慈。」

「如果你是這樣想的，我同意你可以繼續如此祈請。」

敦珠仁波切：對於閉關的忠告（四）

內在的了悟功德尚未臻至圓滿之前，不宜把自己的體驗講給等著要聽的人，所以請守口如瓶。此外，不要吹噓你做了多少年、多少月的閉關，而要用一輩子的時間認真修行。切勿用談論空性的膚淺話語來自欺，小看那些由世俗諦因果關係所積聚而來的福德。

村裡舉行的各種法會和驅邪等儀式，都只是為了獲取食物，因此不要在人口密集之處久留；把無意義的活動、不必要的談話和沒有益處的念頭減到最少。不要用虛偽欺詐來愚弄他人、違背佛法；切勿過著不當的生活，或是基於渴望獲取所欲的事物而做出迂迴不實之請，或諂媚奉承之言；切勿結交惡友，或見地和行為與你格格不入的人。誠實揭露自己的過失，不要談論他人隱藏的錯誤。

不管對方與自己結的是善緣或惡緣，都應該把他們帶上修道。不要對敬重你、善待你或討厭你、惡待你的人生起分別心，而要用清淨的祈願來關懷他們。於內，時時保持精神昂揚，不失勇氣；於外，在「行」的道路上保持謙遜，穿著又破又舊的衣物。不論對方是好、是壞，或不好不壞，你都要視每個人勝於自己。此外，堅定地住在山間的隱居處，簡樸過活，並讓自己安於做個乞丐。

你應該遵循那些圓滿解脫的成就者，以其生平為典範。不要怪罪你過去的業，而要毫無瑕疵地修持佛法；無論遇到什麼緣境，都不要加以歸咎，而應該保持安穩。簡言之，以自心為見證，終生奉獻於佛法。如此臨終時，你將不會有事未竟全的念頭，也不會感到慚愧羞恥。此即一切修行的要點。

死亡逼近時，布施所有的財物，甚至連一根針都不執著。在最終闔眼的那一刻，上上的修行者將充滿喜悅，中等的修行者將了無憂懼，一般的修行者則了無悔恨。

四、果

夏嘎巴

在檢視自心，

那一切現象之源時，

除了鮮明的空性外，了無一物，
沒有可被視為真實的具體事物。

它明晰透徹，全然開放，
沒有裡，也沒有外；
它是沒有範圍或方向的遍在。

見的開闊虛空，
心的真實狀態，
猶如天空，猶如虛空：
沒有中心，沒有邊緣。

藉由放下一切的經歷，
在如是的輕安中放鬆，
我抵達了
究竟空界的廣大平原。

融入空性的廣空之中，
沒有界限，沒有藩籬，
一切所見，一切所聞，
我的心，和天空合一。

剎那也不生起
這些事物有所分別的想法。

在明覺的究竟空界之中，
一切都融於一味。
但相對而言，每個現象卻都明顯、清晰可見。
多麼勝妙啊！

深深迷醉於
光明、鮮活、明亮、無瑕的大樂中，
我曾打從內心，希望能與喜悅共舞。

對於虛空下，未能有此了悟的一切眾生，
遍在的悲心任運漸露；
唱此道歌的催促驅動自行生起。

不進入以心觀察動、靜的狹窄岩谷，
不落入由智識所創造的見、修圈套；
不飛入自心昏沈狀態的烏雲，
不俯衝而入躁動思考的風暴。
我的心如勝妙的大鵬金翅鳥，
自由自在地飛入究竟空界的開闊天空。

雙眼全開，包羅一百個視野，
全然輕安，心的大鵬金翅鳥展開雙翼飛翔。
多麼欣喜啊！
在如天空般平等的空界之中，

輪迴與涅槃的所有現象，一切顯相和音聲，
雖顯猶空：
雖空猶顯。

現象顯現，卻是空虛的，
了無「真實存在」的邊見。
自性為空，但確實顯現，
了無「並非存在」的邊見。
在本身任運自在的見地廣空中，
從相信「常」「斷」的兩種邊見而起，
這首充滿喜悅的道歌自行迸發。

見地、空性，甚至比天空廣大。
那裡，生起了慈心之日與悲心之月。
我一再做出無盡祈願，
藉以利益眾生與法教。

願所有的疾病和瘟疫，
所有的飢荒和戰爭得以終盡。
願一切眾生安樂喜悅。

岡波巴

滴水雖不多，
但若注入湖，
何時會乾枯？

讓日列巴貢噶羅卓

當我抵達雪山之王的聖地[69]時，對覺性生起了一次關鍵性的體驗，清

69岡仁波齊峰（Mount Kailash，岡底斯山），海拔6714公尺，位於西藏西部，是亞洲最重要的聖山之一。許多禪修者以隱士的身分住在聖山的洞穴裡，其中包括密勒日巴（1040~1123）、果蒼巴（1189~1258）和林杰雷巴（?~1188）。

晰如無雲的晴空，甚深明光，廣大寧靜，超越任何遭到奴役與獲得解脫的見解，清澈透明，沒有裡外。現象並未停止展現，但在那對於明覺的直接體驗中，不論生起、顯現什麼，所有的念頭活動都清晰明澈，超越所有限制。因此，更多的現象無礙彰顯，覺受也變得更加清晰。我了解到，不論顯現什麼，都是任運明光，除此之外無他。至於潛在念頭的不息活動，我則視之為明覺的不間斷呈現。內心深處生起了一種信念，它不像我過去所知道的任何事物。粗重或細微的念頭、善或惡的見解，不再適用。所有顯現的事物、我所覺知的一切，對我都不再有更好或更糟的影響，也不再激起希望或恐懼。

顯現和非顯現之間並無差異，我的心保持圓滿的清晰，就算在各種事件和念頭之中也是如此。即使或跑或跳，即使我的嘴巴和眼睛散亂，心仍然保持放鬆開闊。所有孰是孰非、是否處於禪修的爭論都瓦解了。有一種超越形迹、不斷相續的明覺；在其中，心的所有活動已然竭盡。

在不必區分禪修和非禪修這兩者之別的情況下，我體驗到內心深處生起的定解。

第四部

遣除障礙，開展修行

第十五章：發露過失

噶當派 70 的上師曾說，最仁慈的上師就是那位揭露我們隱藏過失，而讓我們看見自己修道障礙的人。阿諛奉承雖令人安心，卻只能餵養無明、虛榮和痛苦。真實的上師之所以非難指責，完全是為了喚醒弟子，與是否輕視他人或習慣挑剔他人舉止無關。正如羅盤的指針始終如一且準確地指向北方，真實上師所給予的珍貴指示，能使弟子免於步入錯誤的方向或陷入自己的弱點中而白白浪費時間。

閱讀以下的文章之後，讀者可能會認為這些作者是在自譴。不過，這種表達謙遜的作法乃是呈現法教的一種傳統方式，身為弟子的人應該知道如何受教，了解上師其實是要他作為借鏡。

在我們仍未將禪修所得融入生活之前，還是會因極小的障礙而絆倒；即使在修道上有所成長，也無法應對生命中的各種變幻無常。因此，座上和座下的禪修必須互相增援，否則將難以達成修道之果。

為了糾正過失並讓禪修達到穩定的境界，就必須時時保持警覺。噶當派的上師曾說：

要以觀照之劍護衛我的心門！
若貪愛威脅，我將以牙還牙！
若它們鬆手，我也如此回敬！

我們必須持續努力修行。如果我們本來就了無執著、了無瞋怒，還將無量眾生當作唯一的關注，那麼修行早就有成，也可不必再修了。但情況通常並非如此，所以必須把法教的意義謹記在心，謹慎地觀察自己的所做、所言和所想。身為佛法修行者，唯有透過嚴格的戒律，才能夠深刻且確實地轉化自己。

70 噶當派是藏傳佛教的學派之一，由印度大師阿底峽（982~1054）的追隨者創立，僧戒、悲心和研修是其著重的焦點。所有藏傳佛教的傳承都保存且修持阿底峽的法教。格魯派就是在噶當派的啓發之下，於第十五世紀創立。

頂果欽哲仁波切

當你被批評時，接受它，把它當做承認隱患、增長謙遜的機會。批評是你的老師，它能摧毀執著與欲望。如果用於修道之上，嚴苛的話語和責備將激勵修行、強化戒律。這種仁慈，豈是你回報得了的？

讚美與批評所製造的快樂和痛苦，都是短暫的。受到恭維時，與其感到驕傲，反倒應該把讚美看成你在夢中或幻想中所聽到的事物；告訴自己，受到讚美的不是你，而是修行所發展出來的美好特質。事實上，那些已經證得解脫的人，才是唯一真正值得讚美的人。

當你指出別人的過失，他們可能會相當惱怒，即使對方是你的子女或學生。然而，在你奉承人們所不具備的特質時，他們反而會因此感到高興。如果人們不斷地迎合奉承，可能會使我們飄飄欲仙，卻無助於發展佛法修行者的特質。如果有人能指出我們的過失，並提供面對過失的正確方式，我們才能真正受益，如同經過反覆敲打、冶煉的黃金，因而變得越來越純。同樣的，藉由不斷認清過失與善用上師教導，我們就能把負面的特質轉化為解脫之道。

當滋事者被指認並拘押之後，村莊就會恢復平靜。同樣的，當真正仁慈的上師揭露我們的過失，使我們認清、根除它們，我們的內心也會恢復平靜。真正的上師會直擊我們過失的核心，他所道出的每一句真言，都是為了帶領我們走上正道。

夏嘎巴：尖銳的針

上師，請從眼不可見的界域
俯瞰這可悲的人吧！
如同用手指移除蝨子，
我要指出自己的過患；
如同把足上棘刺拔出並丟棄，
我要將自己的過患丟到門外。

你，夏嘎巴，
獲得了暇滿人身，
遇見了體現諸佛的上師，
並已領受他深廣的教導。

在聽聞佛法、觀修其義之後，
你的身、語、意應該變得調伏、寧靜，
它們非但沒有如此，反而變得更嚴重！
你的障蔽煩惱應該都會減少，
它們非但沒有如此，反而變得更嚴重！
你的心應該得以轉化，
它，非但沒有如此，反而變得更嚴重！

這就是你的樣子：
一只塞滿信徒所獻財富與食物的麻袋，
一頭睡得像死屍的公牛；
一條充滿仇恨的蛇；
一隻充滿欲望的鳥；

一頭充滿愚癡的豬；
一隻充滿驕慢的獅子；
一條充滿嫉妒的狗；
一個充滿貪婪的餓鬼；
一位渴望施加痛苦折磨的屠夫；
一個陶醉於血肉的食人者。

對於總集諸佛於一身的上師，
你欠缺使人熱淚盈眶的虔敬。

對於佛法道上的師兄弟姊妹，
你欠缺視為本尊的清淨感知。

對於一切曾經為母親的眾生，
你欠缺使人毛髮豎立的悲心。

對於諸多深奧、廣博的教導，
你欠缺使人激勵修行的精進。

欠缺信心和恭敬，
你是違背三昧耶的老手。[71]

欠缺清淨的感知，
你這人厚顏無恥。

欠缺悲憫，
你的心腐敗墮落。

欠缺禪修，
你這人怠惰至極。

看不見自己的過失，

你這人眼瞎目盲。
你張揚他人的過錯，
真是大嘴巴。

你是把自己拖往地獄深淵的石錨：
你，這不具佛法的積惡者，
累積了如此多的惡業。

你是個叛徒，
背叛了等同三世諸佛的上師。

你是個叛徒，
背叛了持守清淨三昧耶戒的金剛兄弟姊妹。

71 三昧耶（samaya）是金剛乘的誓戒，包括修行者對其上師的清淨感知、與金剛師兄弟姊妹之間的和諧關係，以及和修行相關的誓戒。

你這法教的敗壞者，
玷污了佛法的形象。

你這個江湖騙子，
外表看似修行者，
舉止卻違背佛法，
還抱怨同道修行者的過失。

你是活死人、殭屍、行尸走肉。
即使沒有魔羅附身，你的行徑卻相當瘋狂。
你這呆頭呆腦的假人，是從何處來的？
你這不祥兆頭的傢伙，是從何處來的？

看看你的「精進」：
除了吃、喝、睡得像個死屍之外，

別無其他！

看看你多麼頑固，拒絕向善，
像一頭精疲力竭且拒絕前進的驢子！

看看你像瀑布那般，
比任何人都迅速俯衝而進入邪惡！

你無法忍受壞話；
瞧瞧你那因為暴怒而抽搐的嘴臉！

你是一只裝著過失和墮落的痲袋！
你把誓言交還給誰了？

你背負著惡行的重擔；
你的善德到哪裡去了？

你是一只裝滿缺點的大囊袋；
是誰偷走你所有的美好特質？

你身上扛著所有的世間八法；
你對那殊勝的佛法做了什麼？

你根本就不像是佛法修行者；
你難道不感到慚愧嗎？

你這隻沒有尾巴的老狗，
走開，去找別的狗群！

你這隻長著上牙的公牛[72]，
走開，去找別的牛群！

假使你堅持留下，

還敢像以前那樣做嗎？

老兄，
若你還有絲毫自重；
胸膛裡還有一顆心；
頭顱裡還有一個腦；
對自己還有些同情；
那就懺悔你過去的行為吧！
改善你一切的舉止！
現在時機到了！否則為時漸晚！

看著所有出生者如何死去，
所有的囤積如何耗盡，
所有的聚集如何分散，

72 這是指具有人身的牛。牛只有上牙床，人才有上牙。

所有的一切是如何的了無本質：
無意義的活動就應該放棄。

為了修行殊勝的佛法，
你必須依照上師和勝者的話語來精進努力。
喔，上師與三寶，請慈悲眷顧我！

我過去的所做所為並不正確，
我打從內心深處由衷地悔恨，
謹此懺悔，並承諾永不再犯。

請賜予您的加持，
讓我的舉止符合佛法。
請賜予您的加持，
讓我可以持守「律」。
請賜予您的加持，

讓我可以依循「經」。
請賜予您的加持，
讓我可以根據「論」來修行。
請賜予您的加持，
讓我可以成就密咒乘[73]。

巴楚仁波切：一味

如果你犯錯——
對你所感知的虛幻事物加以執著，
那些假象將會欺騙你。
如果你了知心與顯相乃猶如鏡花水月，
兩者便只有一味。

73律（Vinaya）是出家眾和在家眾的戒律。經（Sutra）是佛陀的論述。論（Abhidharma）是對現象做出有系統的陳述，其中包括心的狀態。律、經、論三者構成佛教的三藏（或三籃，three baskets，梵Tripitaka），在其上添加「密咒藏」（pitaka of Secret Mantras），即金剛乘的密續。

如果老人的眼睛受到青春年少的光彩所吸引，
執著的含毒滋味將會生起。
當對於身體的執著在究竟虛空中解脫之際，
青春與老邁只有一味。

如果你太過相信生命的三個階段，
彷彿它們是恆常，
那麼死亡的痛苦可能會是嚴酷的。
在明覺的唯一本質中，
生與死只有一味。

如果你太過受到親友的情感束縛，
與其分離，肯定會使你心碎。
當你了知輪迴的虛幻自性，
團圓與分散只有一味。

如果你對本尊寄予厚望，
對惡魔的恐懼只會增加。
當你了知世界和眾生皆為本尊，
天眾和魔眾只有一味。

如果你追逐念頭，
一千個活動將會生起。
如果你了無念頭地觀察自心，
便能於無為之中放鬆。

如果對人們言聽計從，
你得做的事便無終盡。
如果為自己做出決定，
便能毅然避免各種的方案計畫。

儘管別人看你光鮮亮麗，

若你知曉自己的過失，
假裝自己美好是毫無意義的。

現在該是這壞傢伙隱藏自己屍體的時機[74]，
王位已經落入狐狸之手[75]。
儘管他曾一度品嚐王位的果實，
但當狐狸受到刺骨寒風的啃蝕，
就是他該返回自己巢穴的時候。

如果馬瓦人說什麼，我們就做什麼，
我們將很難看到多這片土地[76]，
但對一個決定該要離開的人而言，
多和馬瓦只是同個隘口的兩側而已。

哈，哈！多麼可悲的話！
嘿，嘿！這些只是胡說！

喔，喔！就這樣脫口而出！

巴楚仁波切：「用石頭把他們趕走！」

我在上師的足下頂禮！

當我，這隻住在僻靜處的老狗，

還記得我無上皈依處的話語時，

我想要這麼說：

第一次遇見上師時，

我像來到一座純金島嶼的航海家，

74巴楚仁波切把自己指為這個壞傢伙。

75這個傷子暗指一個傳說。一天，有隻狐狸掉入染房的大染鍋，染了一身漂亮的藍色。當牠返回鄉間，其他動物沒有認出牠是誰，而把牠視為聖者，投以最大的敬意，並且很快地把牠推舉為萬獸之王。在一個滿月的夜晚，狐狸驕傲地坐在宮廷裡面，其他的狐狸開始在遠方嚎叫。不幸的是，這個藍色的國王也不禁開始嚎叫。在露餡之後，這個冒名頂替的騙子幾乎連逃跑保命的時間都沒有。

76多（Do）和馬瓦（Marwa）是西藏東部的兩個山谷。

覺得所有願望都已實現。
這叫做「把法教的意義銘記在心」。

之後，當我來到上師跟前，
就像面見法官的小偷，
有一種罪惡的感受。
這叫做「重新整頓、回歸正途」。

現在，當我拜見上師時，
只比在寺院大殿築巢的鴿子多了那麼一丁點的欽佩折服，
覺得自己是在面見一位平輩。
這叫做「背棄」。

第一次領受修行教言時，
我像飢腸轆轆而尋找食物的人，
渴望付諸實修。

這叫做「看來像在修行」。

之後，當我聆聽法教時，
像在聽人長篇大論那般，
因為巨大的不確定而感到困擾。
這叫做「並未釐清疑慮」。

現在，當我聆聽教言時，
會有一種厭惡感，
彷彿被迫吃下自己的嘔吐物。
這叫做「失去請法的動力」。

第一次發現自己置身孤寂時，
我像返家的旅人那般，
感到全然的安適。
這叫做「為置身適當處所而欣喜」。

之後，我像獨居的年輕女孩那般，
再也無法忍受置身孤寂。
這叫做「無法保持寂靜」。

現在，當我置身僻靜處，
發現自己像是在檐板底下垂死的老狗，
還算有個愉快的地方可待。
這叫做「藏身待死」。

當我第一次想到「見」的時候，
它越崇高，我就越歡喜，
如同尋找築巢地的禿鷹。
那種「見」受限於文字。

之後，當我思量「見」的時候，

如同來到十字路口的人，
害怕走錯方向。
這叫做「依然惶恐疑惑」。

現在，當我想到「見」的時候，
像是聽著老人胡說八道的小孩，
覺得自己受騙上當。
這叫做「不曉得自己的立場」。

當我第一次想到「修」的時候，
像彼此邂逅而相互吸引的男女，
充滿熱忱活力。
這叫做「渴望禪修」。

之後，在想到「修」的時候，
像虛弱的人負重那般，

感到精疲力竭。
這叫做「有個短暫的禪修」。

現在，當我想到「修」的時候，
竟連一刻也無法保持安靜，
像一根想在石上直立的針。
這叫做「不再想要禪修」。

第一次想到「行」的時候，
像一隻被繩子拴住的野馬，
覺得自己受到誓戒的束縛。
這叫做「虛假的戒律」。

之後，當我想到「行」的時候，
像一條老狗般扯掉拴住的樁子，
覺得自己可以為所欲為。

這叫做「背棄誓戒」。

現在，當我想到「行」的時候，
像一位不再整理儀容的女子，
感到無拘無束。
這叫做「不在乎自己的狀況」。

第一次想到修道目標的時候，
我像是吹噓商品的江湖騙子，
發覺它看來是個前景看好的商機。
這叫做「寄予厚望」。

之後，當我想到修道的目標時，
覺得它像海洋的彼岸那般遙遠。
這叫做「興致缺缺」。

現在，當我想到修道的目標時，
像來得太遲、已見曙光的盜賊，
覺得自己沒有達到目標的機會。
這叫做「希望盡失」。

第一次準備要進行闡釋時，
我像來到市集廣場的美女，
對於自己的才華感到得意。
這叫做「喜愛講話」。

之後，當我開始闡釋時，
像述說陳年往事的老人，
覺得自己無所不知。
這叫做「能言善道」。

今日，當我在闡釋時，

像是被驅魔者打中的邪靈，
覺得我在揭露自己的過失。
這叫做「感到羞恥」。

在早期的辯經中，
我像是為了一宗沒把握的官司而前往法庭，
滿腦子只想要贏。
這叫做「常常屈服於嗔怒」。

後來當我辯經時，
像努力用平衡之見來看待事物的禪修者，
覺得自己是在尋求究竟的意義。
這叫做「動員所有的才智」。

現在當我辯經時，
像巡迴窮鄉僻壤的江湖騙子，

覺得自己可以無話不說。
這叫做「失去所有的約束」。

剛開始撰寫文章時，
我像偉大的能手在即席創作證道之歌，
覺得文字任運湧現。
這叫做「不做任何修飾」。

之後，當我撰寫文章時，
像是經驗豐富的詩人在修整詩句，
覺得自己是在文風方面斟酌努力。
這是所謂的「出產好的文學」。

今天，當我撰寫文章時，
覺得它毫無意義，
彷彿在為一個我所不知的地方撰寫指南。

這叫做「不想浪費紙墨」。

當我第一次遇見同學時，
像為參加射箭比賽而聚集的年輕人，
由於強烈的競爭心而生氣勃勃。
這叫做「成為愛憎的玩物」。

之後，當我和同伴在一起，
像是前往參加宴會的妓女，
覺得和所有人都有親密感。
這叫做「擁有許多朋友」。

今天，當我和同儕在一起，
像是置身人群的痲瘋病患，
認為自己與他們格格不入。
這叫做「感覺孤獨寂寞」。

最初，當我看見財富，
就像採花的小孩一般，
單純感到片刻的歡悅。
這叫做「不試圖取得資產」。

之後，當我看見財富，
像把水注入一只具有裂縫的瓶子，
覺得財富不可能足夠。
這叫做「並不是非常積極」。

現在，當我看見財富，
像擁有無數子嗣的老乞丐，
將其視為沈重的負擔。
這叫做「寧願一無所有」。

當我第一次擁有弟子時，
像取代上師的侍者那般，
立志想要成就大事。
這叫做「自鳴得意」。

之後，當我擁有弟子時，
像抵達聖地的朝聖者，
覺得自己不可或缺。
這叫做「為他人鞠躬盡瘁」。

現在，當弟子接近我時，
像在孤寂處遇見惡魔般，
我想要責備他們！
這叫做「想用石頭把他們趕走」。

～此乃「用石頭把他們趕走」這則忠告的末尾。願其確實具有福德！

格登嘉措

愚痴的荒謬逐漸增長；
你，智慧，還有心去睡覺？

貪欲的粗重逐漸強大；
你，拒斥感，落入了什麼沼澤？

瞋恨的光芒勝於以往，
你，利他之愛，跑到哪裡去了？

驕慢的叫囂更大聲了；
你，謙遜，難道是聾了？

嫉妒的痛苦越加具體有形；
你，淨觀，讓我四處尋覓卻無功而返。

謬誤的見地越加詭詐欺瞞；
你，信心和敬重，徹底消失了嗎？
葬禮的餐點越加美味可口；
你，善德的修行，快要消失了嗎？
過失和違規如雨一般淋降；
你，誓願與戒條，我納悶你們是否還在。
貪婪的繩結越加緊繃；
你，布施，是斷手了還是癱瘓了？

～我，出身戎波（Rongpo）的格登嘉措，撰寫這些規勸之語，以幫助人們區分過失及其相應的對治。

咕汝卻吉旺修：嗡嘛呢貝瑪吽啥[77]

～此「揭露隱患和過失之嘛呢」[78]，為卻吉旺修給予帕久拓登恰卻（Pajo Thogden Chapchol）及其所有法嗣的忠告。

啥！喔，大悲者！請您憶念我們。
跨越佛法的門檻是多麼不可思議，
但若未厭倦輪迴，它便毫無用處。
因此還是念嘛呢咒比較好！

你或許於僻靜處投入了多年時間，
但若未離於貪欲，它便毫無用處。
因此還是念嘛呢咒比較好！

你或許在從事苦修，
以四大的精華維生[79]，
但若未平息對食物的渴望，它便毫無用處。

因此還是念嘛呢咒比較好！

你或許致力於聞、思、修，
但若你的心尚未從中獲益，它便毫無用處。
因此還是念嘛呢咒比較好！

你或許已然了解九次第乘的意義，
但若未具有悲心，它便毫無用處。
因此還是念嘛呢咒比較好！

你或許對於見、修、行通曉專精，

77 Om mani padme hung hri 是大悲觀世音菩薩的咒語，也是西藏人最常持誦的咒語。
78 西藏人通常用「嘛呢」（mani）來指稱觀世音菩薩的咒語。
79 辟谷術，這是一種取用元素精華的修持，透過身體或醫療的方法，萃取地、水、火、風、空這些元素的精華來重造並提升活力能量。這也能有助於在荒涼地帶修持苦行的人，讓他們於無法取得平常食物的情況下存活多年。

但若未放棄俗世，它便毫無用處。
因此還是念嘛呢咒比較好！

你或許擁有力量、權勢和不可思議的特質，
但若未掌控自心，它便毫無用處。
因此還是念嘛呢咒比較好！

你或許能用語言文字來潤飾佛理，
但若讓你有所興趣的是語言文字，它便毫無用處。
因此還是念嘛呢咒比較好！

你或許時時都住在偏遠處，
但若未放棄活動，它便毫無用處。
因此還是念嘛呢咒比較好！

你或許放棄伴侶，保持單身，

但若未斷捨令你分心的事物，它便毫無用處。
因此還是念嘛呢咒比較好！

你或許了解大圓滿的意義，
但若念頭尚未解脫，它便毫無用處。
因此還是念嘛呢咒比較好！

你或許非常了解自他平等的意義，
但若那只是假裝，它便毫無用處。
因此還是念嘛呢咒比較好！

你或許總是待在上師身邊，
但若未學到他的特質，它便毫無用處。
因此還是念嘛呢咒比較好！

你或許已然領受許多灌頂，

但若你的心尚未成熟，它便毫無用處。
因此還是念嘛呢咒比較好！

你或許擁有成千上萬的口訣教導，
但若無內在體驗，它便毫無用處。
因此還是念嘛呢咒比較好！

你或許擁有成千上萬的偉大上師，
但若未承事他們，它便毫無用處。
因此還是念嘛呢咒比較好！

你或許投入數劫的時間聆聽佛法，
但若仍不具信心，它便毫無用處。
因此還是念嘛呢咒比較好！

你或許曾經在許多的洞穴裡修行，

但若仍不具成就，它便毫無用處。
因此還是念嘛呢咒比較好！

你或許聲稱已然了證大圓滿，
但若仍具有尋常的夢境[80]，它便毫無用處。
因此還是念嘛呢咒比較好！

你或許知道如何精彩地論釋文典、論證和教言，
但若未認識自性，它便毫無用處。
因此還是念嘛呢咒比較好！

80隨著修行者在修道上進展，他們漸漸能夠知道自己什麼時候在做夢（有時候，這稱為「清明夢」lucid dreaming），因此能改變夢的自性，進而不再有一般的夢境，而可安住於持續不斷的明光狀態。

仁千彭措：給自己的忠告

雖然你看清輪迴事物的了無意義，
你仍然拼命從事永無止境的活動，
並未從中得到滿足。
你，這個懶散的人，不要在乎自己是否與他人一致。

運勢興旺時，你帶著驕慢，喝得爛醉如泥；
境遇低落時，人人鄙視你；
在不上不下之間，你生起嫉妒。
清醒吧，並思量所有這些活動的福德何在！

若是坦白直率，只會製造敵人。
若是偽善矯情，心識就要背負業債。
若是結合兩者，人稱此為優柔寡斷。
猶豫不決者啊，要思量行為的結果！

若是饒舌多話，你就是個大嘴巴，
若是靜默不語，又會被當成蠢蛋。
若是時而靜默，時而言談，人稱此為性情不定。
你，仁千啊，要思量語言文字的虛榮。

巴楚仁波切：給自己的忠告

在盛開蓮花的無垢染胚莖上，
有一滿月之輪，上有白光寶座，
其上坐著唯一本尊，上師金剛薩埵，
您是樂空如如不動顯現的神聖身相，我對您具有信心！

聽好，阿布師利[81]，

81阿布師利（Abu Shri）是巴楚仁波切的暱稱之一。「阿布」可以翻譯為「伙伴或同志」，梵文「師利」等同於藏文的pal（意指「吉祥」），是Palge這個字的第一個字母，而巴楚仁波切被認證為轉世祖古（trulku），於是有「巴楚」（Patrul）這個名字。中譯註：因為各地發音不同，有時音譯為巴珠法王，或是意譯為華智上師。

你分心散亂，有著如此的惡業！
想想你是怎麼被接連不斷的錯誤再三愚弄。
你懂了嗎？
你還在繼續犯錯，所以要小心！

別再過著空虛謬誤的生活。
就把那些自心的欺瞞丟了，
也把那些不需要的無盡方案丟了！

別讓根本不會成真的連串念頭重擔，
以及那些令人分心的無盡活動，
把你弄得頭昏腦脹。
它們只是水上的波浪——不要加以理會！

你聽過數以百計的法教，
卻一個都不了解。

這有何意義？
你雖加以思考，卻在需要時忘記了。
這哪有用處！
你雖進行禪修，卻未因此對治煩惱。
那就把它丟了！

你念過許多咒語，
卻還未通曉生起次第。
你將實有觀想為本尊，卻還未放下二元分立。
你看似降伏惡魔，
卻還未調伏自心。
因此你好好安排了四座的持誦……
那就把它們丟了！

表面上你似乎非常清楚，
但無法放鬆自心。

骨子裡你似乎非常專注，
但其中沒有清新。
你的明覺似乎堅定不移，
但真正穩定的是什麼？
是你的那些概念！
那就把修定的對境丟了，
也把那堅定的凝視丟了。

你的話語似乎甜美，
但它們對你的心沒有助益。
你的邏輯似乎敏銳，
但它只會助長虛幻。
你的忠告似乎深奧，
但你不曾付諸實修。
那就把讀書的行為丟了，
因為它會使你的心散亂、你的眼疲累！

你敲擊著小鼓：鼕！鼕！
只是在製造聲音來炫耀。
你或許唱著：「取我的肉！飲我的血！」[82]
但並未從此不珍愛它們。
你或許敲打鐃鈸：鏗鏘！鏗鏘！
但並無任何禪定。
那就把這些花俏的器具丟了，
因為它們只是外表好看而已！

今天他們想學習，
最後卻還是放棄。
今天他們看來是懂了，
不一會兒卻一無所知。

82 這個偈子是指「斷境法」（practice of Cho，即通稱的「施身法」），或「斬斷自我」的修持。在「斷境法」之中，修行者以觀想來供養自己的血肉。

他們可能學習上百件事，
卻一個都沒有用來修心。
那就把這些弟子丟了，
因為他們只是看來非常重要！

永無止境的閒談會引起執著與瞋恨。
你或許表達驚訝或認可，
不過那其實是說人壞話的一種方式。
你講的話或許好聽，
其他人卻因而惱怒。
那就把這種八卦閒話丟了，
因為它只會使你口乾舌燥！

傳法卻不具個人體驗，
好似在書中學習跳舞。
就算有人看似虔敬聆聽你的法教，

以你的角度而言，根本全是謊言。
如果你背叛法教，
遲早會為自己感到羞恥。
那就把這些傳法丟了，
因為它們只是有著虛華詞藻的表象！

今天欣然愉快，
明天怒氣沖沖，
人們受到情緒變化所折磨。
他們從不厭足：
即使滿意了，當你需要時，他們卻毫無用處，
還讓你感到絕望。
那就把禮貌客套、阿諛奉承、媚俗迎合都丟了！

有人能夠同時處理宗教和世俗的事務，
老阿布，切勿渴望這種友伴！

難道你沒有看到牛棚裡的老水牛
打從心底只想睡覺？

你無法不吃、不睡、不屎；
其他就別管了。那不是你的事。
依力而為就好，安靜地守在你的角落！

把一切丟了！這就是精要！

~這是瑜伽士直美羅卓（Trime Lodro，即巴楚仁波切）為他的密友阿布師利（無異於巴楚仁波切本身）所寫的忠告，提出一些適合他且需要付諸實修的建議。即使沒有什麼要付諸實修，其重點就是要放下一切。此外，即使你沒有證得法教之果，也不要感到煩悶惱怒！

多竹顛貝尼瑪

有時候，從專門的層面給予忠告，會使人更難理解。因此，我將用日常語言來表達。無論如何，我沒有能力做長篇且精彩的演說。

讓我們直接切中要點：假設今天死神閻羅出現在你面前，切斷生命的細線，中斷生命力的連續活動，你的最後一口氣像火花般消失；你所鍾愛呵護的身體被棄置在床上，親友無法陪伴你，你被迫留下一輩子積聚的所有物品。在中陰期間，各種幻象展現前，數量之多有如夜空的星辰，之後進入駭人的黑暗中。現在，你在一條可怕、痛苦的道路上，惡業之果將清晰顯現。如今，你仍然可以保持輕鬆安適嗎？

要說：「我明天會死。」這很容易。我們或許會說生命稍縱即逝，但事實上，我們在早晨聽聞或傳授佛法，到了下午就忙著做長期的規劃，我們真的有在思量死亡嗎？答案自己很清楚。

過去已經過去。現在每個剎那，從黎明到黃昏，都要把這個問題記在心中：「我必須要做什麼，死的時候才不會後悔？」不要忘記！這是一個重要的問題，因此現在就該好好思惟！

講話、走路、拉屎、屙尿、飲食……你對世俗的活動難道不感到膩煩？有什麼比修行還來得更好？對三寶的一絲信心，或在心中生起一丁點慈悲，就已經是佛法！

告訴自己，如果現在不全力以赴地修持崇高的道路，一旦頭顱和骨頭落地，想要取得另一個人身，可不會像馬糞從馬屁落下那般容易！

在夏天，看看碗櫥裡的腐肉上，有多少隻蒼蠅聚集在一塊？此時，你將輕易了解，下三道的眾生實遠多於人道眾生。

如果你咕噥地念誦祈願文，卻沒有真正踏上解脫道，彷佛在你木造的嘴巴裡有個皺紙做成的舌頭，而且凡俗掛礙的痛苦折磨仍然潛藏內心。那麼請告訴我，假裝修行會帶來什麼？努力思量，徹底下定決心修持佛法。

切勿信任那些誤人的假佛、切莫尋求遊空鬼魂的保護，絕對不可詢問損友和其他幼稚人等的忠告，而是要將自己的身心都交託給三寶——唯一可靠無誤的皈依。千萬別忘了生起視上師為佛陀親現的虔敬心，切勿批評偉大的聖哲。如果朋友傷害你，切勿讓怨恨侵入你的心；如果敵人傷害你，切勿悲不可抑。

某人出言刻薄時，如果你納悶：「這個人為什麼會對我說這麼惡毒的話？」還讓那些令人不安、糾纏不休的念頭充滿你的心，彷佛致命的惡魔在心中生起，那麼告訴自己，這種念頭是想要傷害你的惡魔，並且了解你真的需要智慧做為對治解藥。

囤積財富或在奉承密友的同時，惡待他人的念頭也會滋長，這些行為只會增強執著與瞋恨，使你成為負面情緒的奴隸。一旦你侍奉負面情緒，各式各樣、越來越糟的苦惱將使你痛苦。

難道你沒有看見，正是因為從無始以來，你在輪迴中侍奉這些情緒，所以你現在置身可憐可悲的處境，身體由不淨的五蘊構成，還招惹著各種痛苦！從現在開始，把負面情緒視為敵人，把傷害你的人視為朋友。

昆蟲叮咬背部，你就無法忍受而大叫：「哎呀！可惡的蟲子！」那麼你怎麼處理巨大的痛苦呢？其他眾生也是如此，全都只想要快樂，不要痛苦。童話故事裡說到「完美的快樂」和「可悲的痛苦」，要知道，每個人只要體驗一丁點痛苦，就覺得不快樂。看看你是否能夠擁有一顆善良的心。勿忘！勿忘！祝你長壽！

～乞丐吉美說了這些話來讓給根帕格（Gegen Palge）滿願。

嘉瓦龍欽冉江

～此道歌用來勉勵自己和他人，謹記：今生的俗務和世界的虛幻既不會帶來利益，也無法提供庇護。

從無可記憶的時間以來，所累積的大量串習堆聚如山，
在那山上，無明的二元之網遮蔽著心的明光。
無知無覺的人啊，由於你對此輪迴世界沒有絲毫厭倦，
我要給你一些忠告。

如果你能了解並看清短暫人生的誤導本質，
憶念與分析是無用的。

如果你又再度未能踏上解脫道，
擁有人身是無用的。

如果你不清淨惡業、培養善業，
進入佛法之門是無用的。

如果你不牢記下三道的痛苦，
表面上修持佛法是無用的。
如果你不徹底相信今生的空虛浮華，
表面上積聚福德是無用的。
如果內心不知足，不能了無需求，
表面上幾乎無欲是無用的。
如果因未能掌控自心以致無法謙遜，
表面上修持安忍是無用的。
如果你尚未於內在降伏瞋怒和驕慢，
表面上持守戒律是無用的。
如果你尚未深刻地融入佛法，

表面上明白經續是無用的。
如果你尚未生起無邊的菩提心，
表面上修持大乘是無用的。
如果你並非圓滿清淨地持守修行的誓戒，
表面上修持密咒乘是無用的。
如果你尚未勸服自己深切地厭倦輪迴，
表面上在僻靜處修行是無用的。
如果你尚未真正放棄對事物實有的執著，
表面上當個好的佛法修行者是無用的。
如果你並非把自心當做真實的見證，
表面上做別人眼中的好人是無用的。

如果你並非厭惡世間八法，
表面上當個優秀的修行者是無用的。
如果你尚未放棄對聲名遠播的貪欲，
表面上擁有眾多弟子是無用的。
如果你尚未放棄虛榮浮華、偏愛和對榮耀的渴望，
表面上利益他人是無用的。
如果你只是想到自己，
表面上慷慨布施是無用的。
如果你的利他心並非完全離於自私的貪欲，
表面上幫助他人是無用的。

如果你並未因上師和他的法教而受到感動，
表面上擁有信心是無用的。
如果你自己並無深刻的確信，
表面上做他人的顧問是無用的。
如果你並未把內在的煩惱視為敵人，
運用外在的對治解藥是無用的。
如果不具對輪迴的傷悲、出離和對死亡的思惟，
希求獲致覺醒證悟是無用的。
如果不致力在僻靜處修行，
聽聞和思惟法教是無用的。
如果你並未厭惡俗事，依舊進行長遠的計畫，

在僻靜處禪修是無用的。

如果你尚未得遇真正的上師，
表面上追隨善知識是無用的。

如果你並未真誠感受到無量的虔敬，
表面上依止上師是無用的。

如果上師的加持並未深入你心，
踏上解脫之道是無用的。

如果你無法捨棄俗務而來修行，
了知究竟自性是無用的。

如果你尚未獲得真實不虛的淨觀，
表面上擁有極大的熱切是無用的。

如果你並無強烈誠摯的恭敬，
表面上尊重善知識是無用的。

如果你尚未熟悉自己的覺性，
領受甚深教導是無用的。

如果你尚未養成離於二元的內在信心，
僅具一般了解的見地是無用的。

如果你無法在禪修的同時，離於迎拒，
使用概念參照的禪修是無用的。

如果你不了解感知的空虛與了無實有，
表面上修持無二是無用的。

如果你不認識那無礙的覺空即是法界，
試圖證得修道之果是無用的。

如果你能運用適合自心的對治解藥，
智識的談話是無用的。

如果你不在不排斥念頭的情況下清淨念頭，
未讓它們就此消融於覺性之界，
雙倍虛幻的正面念頭是無用的。

如果你不清淨五毒，
未在有害的念頭生起時就加以根除，
無有作為的空性是無用的。

如果你對見、修、行不具內在確信，
在各個聖地之間來回流浪是無用的。

如果你尚未耗盡智識，
亦未看見現象的赤裸自性，
表面上做個成就的瑜伽士是無用的。

如果你不知該如何持續安住於覺空，
表面上做個偉大的禪修者是無用的。

如果你不了悟現象之明澈無實，
不認識現象之不具有獨立存在，
為你引介心性是無用的。

如果你對輪迴並非厭倦到想要放棄一切，
在僻靜處禪修是無用的。

如果你並未放棄希望和恐懼，

還繼續懼怕痛苦、擔憂未來，
表面上擁有高深證量是無用的。

如果你不用嚴謹的行止來修心，
表面上做得像是已得解脫的瑜伽士是無用的。

如果你不在杳無人煙的荒郊野外流浪，
閉關和誓戒是無用的。

如果你不把今生的雄心擲入風中，
表面上當個好修行者是無用的。

如果你一直迷戀於名聲和外表，
表面上當個「好喇嘛」是無用的。

如果你不拋棄社會生活所引起的分心散亂，

只是受到人人稱讚是無用的。
現在是你以往昔大師為典範，
追求解脫道的時候。

我已然給你這個衷心的勸告：
轉心向內，你就會了解我所言屬實。

走上正確方向的第一步，是背棄輪迴；
第二步，是摧毀視事物為真實的錯謬，
而最後一步，是征服覺性的不變大地。
如此，你將自然能成就自、他的利益。

～這首金剛道歌為「自我忠告」第三章「克服對今生事物之執著」的總結。

第十六章
征服心魔

西元前四世紀早期，釋迦牟尼佛在位於現今菩提迦耶一棵枝繁葉茂的菩提樹[83]下禪修，覺醒證悟之前，他遭受四魔的猛烈攻擊達數月之久。佛教修行者該要警惕的惡魔並非鬼魂或外在的邪靈，而是由於對世界錯誤感知所致的內在勢力，這些內在勢力大到足以為修行製造嚴重的障礙。

佛經中提及的四種魔為：五蘊魔（身與心的業果，暫時構成我們這個人而成為痛苦的基礎）、自我魔（天子魔）、死魔和煩惱魔。

當這四種惡魔對佛陀發動最後的攻擊，以各種外在的色相顯現時，佛陀藉由他對現象究竟自性的了解及其無量悲心而保持禪定，終而覺醒證悟。

一般來說，當煩惱魔達到某種強度時，它會變得格外明顯：我們怒火中燒，受嫉妒侵蝕，或因無明而盲目。事實上，它是我們不知不覺結交為

83 釋迦牟尼佛在菩提樹下證悟。

友、且學著照顧養育的老敵人；它甚至可能看似具有善德、合乎道理且符合邏輯，以宗派爭論為基礎的仇恨即為一例。

當我們開始在修道上進展，內在產生了甚深改變時，魔障會以更大的力量展現。有位上師打趣地說：「惡魔對忽略修行的人才懶得操心。」不論是哪種行業，高利潤總是伴隨著高風險。因此，於內在旅程中，我們將遭遇阻止我們進步的各種勢力，這一點也不令人驚訝。如果處理得宜，障礙可以成為了證的催化劑，但也可能打斷修行，使我們偏離目標。

不論這些障礙細微或粗重，唯有以明晰的智慧、無偏的利他、對純正上師的信任，以及對求取證悟的堅定發心，才能夠克服它們。

瑪姬拉準

我們的心是「惡魔」之源。
當它理解並執取現象時，
就成為惡魔的獵物。
當它把自己當作「對境」時，心就腐損了。

賈春寧波

蓮師給予揚班聽津桑波[84]的忠告

打個比喻，如果佛法修行者的數量多如天上繁星，其中能夠了無魔障者的數量則少於日月。為什麼？因為若沒有這些障礙，成就證量會比用一年時間積聚善業來得容易。這是我們必須認清和智取這些惡魔的原因。

起初，當你受困於輪迴的痛苦城市時，你可能對佛法有些許信心。然而很快地，這些信心會因為怠惰的惡魔、對粗重實相的執著而動搖。由於你對敵人心懷仇恨、對愛人執於依戀、對任何事物都要爭強取勝，更因為俗務而分心散亂，沒有把死亡時時記在心中，並且身陷各種其他活動之中，於是你總是延遲修持佛法，這本身即是惡魔。為了驅逐惡魔，你要尋找合格的上師——不變信心之根源；你要思量死亡無常——不變精進之根源，放下較不重要的任務，把自己完全交付給佛法這樣偉大的任務。

84 揚班聽津桑波（Nyang Ben Tingzin Sangpo）是蓮師最重要的弟子之一。蓮師把佛教引入西藏，而揚班聽津桑波則是第八世紀西藏國王赤松德贊的臣子。

此時，改變你心意的惡魔來了。它可能會以至交密友、家人或朋友的樣貌呈現，他會說：「不要修持佛法！」並且運用各種方法製造障礙。在其他時候，它可能展現為對敵人的恐懼、競爭或財富；如此一來，佛法總是日復一日地被你延遲，迷妄的一生很快就會耗盡，你最後還是陷入輪迴的泥淖之中。為了降伏這種惡魔，你只能信任上師和皈依聖眾。你要自己做決定，不要尋求一般人的忠告。

在上師身邊時，懷疑上師、視上師與自己同等的惡魔將會生起。當你無視上師的特質，對上師雞蛋裡挑骨頭時，即是這個惡魔現前的徵兆。你對上師的行為生起邪見、懷疑他們是否具有智慧，並且致力於利用宗教來取得財富和食物。雖然你開展的是修行之旅，最後還是會落入地獄。這真的是一個惡魔。為了讓惡魔挫敗，你要視上師為佛。

接續而來的是使世俗欲望復萌的惡魔。它到來的徵兆是你想到性、金錢、充滿不實的交易和貪婪的生意，以致你放棄僧袍、善知識、金剛師兄弟和佛法修持。你對聽聞佛法失去興趣，生起追求世間的執著與瞋恨；渴望女色、美酒；背棄佛陀的法教。為了降伏這個惡魔，你要生起堅定不移的決心，遵循無上的佛法。不論你受到哪一種甚深法教的啟發激勵，都要堅持不懈地認真修持、遠離誘惑，並仔細思量聖哲的生平，避免從事違背佛法的行為。這是至關重要的。

漫不經心地看待法教是繼之而來的惡魔。它現前的徵兆是你驕傲自大地說自己已經領受了這個和那個法教，但你尚未領會其中的意義，完全屬於理論。你只知道一、兩個句子，卻在大庭廣眾下宣揚祕密的教導。不論上師傳授什麼甚深的法教，你都說「我已經聽過了」。確實的了義永遠不會從這種態度中生起。無法達至佛法勝義，即是「惡魔」親自現身。為了降伏這種惡魔，你要再三思量自己所領受的法教，完全沈浸於它的意義之中。

此時，自身特質的惡魔將導致貪婪的生起，偽裝成功德主和弟子的模樣而顯現。你不僅沒有全心致力於修行，還相信自己博學多聞，以至於自我迷戀而沖昏了腦袋，野心勃勃地想追求財富。這將製造種種障礙，使你遠離佛法的道路。為了降伏這個惡魔，你要立誓長時間留在山間僻靜處，除了修持佛法之外，放棄所有的活動。

下一個會來的惡魔是形而上、純哲學觀點的惡魔。你偏袒地區分自己和他人的觀點，把佛法轉變成五毒。為了預防這個惡魔，你要捨棄所有關於學說教義的競爭對抗，訓練自己不偏不倚地看見一切事物的清淨。

當你從中解脫，觀修空性時，空性之魔將生起為敵人。你會說：「一切事物都不存在」，顛倒行為的是非善惡；你不會對三寶有信心，也不會對有情眾生有悲心。當這種情況發生時，要培養善德並清淨惡行，懷著熱切的虔敬來修心，視一切為清淨，了解相依緣起和空性、悲心之無二無別。

接著，悲心的惡魔將生起為敵人。在自己尚未解脫的情況下，你會變得沒有耐心為其他眾生的福祉而努力，同時延遲自己的修行。此時，你要培養「願」菩提心，並且讓「行」菩提心稍作等待……。

據說，在成佛前，惡魔的障礙將永無止境地接踵而來。如果你能放棄所有令人分心散亂的事物，全心修道，將沒有任何障礙會令你困擾。

附錄一：藏傳佛教成就傳承的八大車乘

佛教早在第五世紀傳入西藏，但一直到兩個世紀之後，於藏王松贊干布統治期間才在西藏建立；尤其在第八和第九世紀，藏王赤松德贊邀請寂護大師（Shantarakshita）和蓮師（蓮花生大士）入藏，佛教才真正奠定基礎。蓮師不僅完成西藏第一座寺院桑耶寺的興建，還把金剛乘的灌頂和關於實相自性的心要教導傳授給國王和許多弟子。西藏譯師在蓮師的指導、眾多印度學者的陪同之下，把佛陀的完整法教「三藏」、無數函[85]的密續及其儀軌和相關論釋翻譯為藏文。

回顧過往，第一個翻譯階段（前弘期）的法教追隨者，即是所稱的寧瑪派（Nyingmapa）或舊（譯）派。他們把佛陀法教分為九個漸進的「車乘」（vehicles，梵yana），而這九乘次第涵蓋了佛教哲學和修行的所有面向。

「車乘」這個辭彙的意義是：達到正等正覺（圓滿證悟）這個修道目標的方式。車乘的多元性和漸次性對應眾生各自不同之天性與根器，每個車乘都融合了前一車乘的次第。根據寧瑪派的觀點，無論修持哪個車乘，都能達至大圓滿的「明光心要」；「圓滿」指的是，依心的自性而言，心原本就具有一切的證悟特質，「大」是指這種圓滿自然而然地包含所有現象。

寧瑪傳承的教授有三種主要方式，即長遠的佛經傳承（教傳，藏kama）、短近的伏藏傳承（巖傳，terma），以及極近的淨相傳承（藏danang）。

到了第十一世紀，譯師們從印度帶回新的佛教典籍，此乃弘揚佛教的第二個階段（後弘期），即新（譯）派（藏Sarmapa），始於大譯師仁千桑波（Rinchen Sangpo，957～1055）。傑出學者和偉大聖哲的出現，使新的佛學教派和修行傳承繼而興起。

如今，藏傳佛教有寧瑪、噶舉（Kagyupa）、薩迦（Sakyapa）和格魯（Gelugpa）四大派，各自延續了西藏豐沛的哲學與觀修教導。香巴噶舉（Shangpa Kagyu）、斷法和息法（Cho和Shi Che，前者俗稱「施身法」）、烏金念竹（Urgyen Nyendrub）和時輪金剛（Kalachakra）等四種傳承則主要存續於四大學派之內，因而不像四大學派那樣顯得突出。這八個傳承即是成就傳承之八大車乘。

噶當派（Kadampa）或稱「佛語教誡」傳承，是由阿底峽尊者（982～1054）創建。這個傳承把焦點放在「修心」（藏lojong）上面，主要強調出離心和悲心。阿底峽出生於孟加拉，曾跟隨許多上師。他依照自己所得的一則授記前往印尼，跟隨聖哲色林巴（Serlingpa，或金洲大師）學習十二年，視其為根本上師。阿底峽返回印度後，成為偉大佛學院超戒寺的住持。然後，他應西藏國王耶喜沃（Yeshe O）和蔣秋沃（Changchub O）之邀入藏。此後，他便留在西藏，直到圓寂。在他無數的弟子之中，種敦巴（1004～1064）最為出色，繼續宣揚其上師教導的漸進道來延續阿底峽的事業。

多年之後，噶當派在卓越的宗喀巴大師（1357~1419）影響下，由甘丹寺起家而發展為**格魯派**，或稱「善規」傳承。宗喀巴推動重大的改革，目的在於加強人們對寺院戒律和

85中譯註：一函約為一百張的藏文書頁，是藏人計算紙本著作的單位。

法典研習的敬重。在他眾多的著作之中，《菩提道次第廣論》（藏Lam Rim Chenmo，The Great Gradual Way）極為清晰地陳述了基乘（小乘）、菩薩乘（大乘）的根本次第。賈曹傑（Gyaltsap Je）和克主傑（Khedrup Je）是宗喀巴的兩大弟子。克主傑轉世為第一世達賴喇嘛，他的傳承在西藏歷史上留下深遠的影響，直至今日。

薩迦派是以偉大印度上師毘魯巴（Virupa）的道果教法（Lamdre）為基礎。出眾的譯師卓米洛擦瓦（Drokmi Lotsawa，993～1077？）把這個教法引入西藏，後人稱之為「薩迦」，字面意義是「灰色的大地」（Gray Earth），因為寺院所在地的周圍景觀是灰色的。薩迦寺由五位祖師建立，分別為貢噶寧波（Kunga Nyingpo，1092~1158）、索南策莫（Sonam Tsemo，1142~1182）、傑尊札巴嘉稱（1147~1216）、薩迦班智達（1182~1251）和八思巴法王（Chogyal Phakpa，1235~1280）。

薩迦班智達被視為智慧菩薩文殊師利的轉世，是他身處年代最具影響力的上師之一。道果教法是以形上學的觀點為基礎，指出輪迴與涅槃基本上是無別的，道是四灌頂的成熟過程，果則是五智的生起培養。「離於四種執著」是這些教法的中心主題，即離於對今生的掛礙、不斷投生的循環、自我中心的貪欲，以及分別概念的固著。

噶舉派或「口耳教導」傳承可追溯到印度的兩位大成就者帝洛巴及其弟子那洛巴。譯師馬爾巴（1012~1097）三度踏上由西藏前往印度的艱難險惡旅程，而得以從那洛巴處領受教法。在馬爾巴將所有的灌頂和教導傳授給勇毅的弟子密勒日巴之前，他讓密勒日巴承受了許多嚴苛的考驗。密勒日巴的一生非比尋常、不可思議，他居住山間十二年，過著極為禁慾苦行的生活，使他成為西藏最著名的瑜伽士。他用優美即興的證道歌來傳授教法。

直至今日，這些道歌仍是啟發人心的重要泉源。

在密勒日巴的眾多弟子之中，惹瓊巴（Rechungpa，1084~1161）和岡波巴（1079~1153）最為重要。岡波巴是帕莫竹巴和第一世噶瑪巴杜松虔巴（Dusum Khyenpa，1110~1193）的上師。噶舉派後來發展出包括噶瑪噶舉、直貢噶舉、竹巴噶舉、達隆噶舉在內的四大和八小傳承。噶舉派的教法強調拙火、幻身、睡夢、明光、中有（介於死亡和來生之間的中間狀態，或稱「中陰」），以及臨終的遷識瑜伽，稱為「那洛六法」，大印（Mahamudra，Great Seal或Great Symbol，或稱「大手印」）則是這些教法的巔峰。大印的意義是，當我們對究竟心性有了穩定的認識，便能領悟到此心性涵攝所有現象，因而將自己對一切事物的感知以此為「封印」。

瓊波南久（Khyungpo Naljor，大約出生於西元九九〇年）創立**香巴噶舉**。儘管由於該派傑出上師的努力，至今仍延續其特色，但在整個流傳史上，仍然和噶舉派關係密切。

時輪金剛（或譯：究竹，又稱金剛瑜伽傳承、時輪六支傳承、覺囊傳承）是一部精密深奧的法教，以《時輪金剛密續》為基礎，至今仍然非常活躍，並激發出大量著作，不同教派都有眾多的追隨者修持並傳授該法。然而，它一直沒有發展成特定的修行法門，因而並未形成獨具一格的學派。

瑜伽女瑪姬拉準（1055~1153）是藏傳佛教最重要的女性人物之一，她把**斷境法**（**the practice of Chö**，施身法）引入西藏。這個「chö」字的意義是「斬斷」；在這個情況下，它是指斬斷我執，以及由我執衍生的各類所緣對境。

能寂法或息（苦）法是由帕當巴桑傑（Padampa Sangye，~1117年）所弘揚。

大成就者烏金巴（Urgyenpa，1230~1309）的傳承之所以能夠延續，完全歸功於十九世紀兩位大師蔣揚欽哲旺波（Jamyang Khyentse Wangpo，1820~1892）和蔣貢康楚（1813~1890）孜孜不倦的努力。蔣揚欽哲旺波和蔣貢康楚以「勝妙的燈塔」聞名，他們擔負起收集西藏所有現存修持傳承的任務。然而在修持方面，鄔金念竹（或譯：多傑頌吉涅竹，又稱三金剛誦修傳承）的法教已不再獨立於其他傳承之外。

如第十四世達賴喇嘛所指出的，藏傳佛教將佛法三個相輔相成的漸進次第和諧地融合為一。這三個次第即是小乘、大乘和金剛乘，各自對應於修行的三個基本面向：出離心、悲心和淨觀。

出離心是小乘的基礎，因此也是其他兩乘的基礎。出離心是想要脫離輪迴痛苦的強烈願望。悲心是大乘的核心。悲心使得修行者立下達至證悟的誓戒，以讓受到無明控制、在輪迴流浪的所有眾生解脫。淨觀是金剛乘的卓越觀點。淨觀是認識於一切眾生之內的佛性，以及所有現象的本然清淨。

附錄二：引文出處

（依照引文出現的順序排列）

第一章：人身的重要價值

夏嘎措珠讓卓《教授利他之日》（Chos bshad gzhan phan nyi ma）頁16-17。

雪謙嘉察：

頁19《金剛乘共同前行總體堪能結合之導引：遍知言教解脫車乘》（Rdo rje theg pa'i thun mong gi sngon'gro spyi la sbyor chog pa'i khrid yig kun mkhyen zhal lung rnam grol shing rta）頁66-67。

頁21出處同上，頁361。

頁29出處同上，頁77-78。

頂果欽哲仁波切《殊勝證悟道前行法》（The Excellent Path to Enlightenment）內文改寫。

蔣貢康楚羅卓泰耶《無上三內續之補充，蓮師面授道次第智藏之注釋：智慧顯明》（Bla med nang rgyud sde gsum gyi rgyab chos padma'i zhal gdams lam rim ye snying'grel pa ye shes snang ba）。

吉美欽哲仁波切，作者口頭諮詢記錄。

敏林大伏藏師局美多傑《敏林大伏藏師持明不變金剛文集》（Smin gling gter chen rig'

dzin' gyur med rdo rje' i gsung' bum）頁99-91。一九九八年八月八日譯於中國西部山區彥俄（Yan-nga，音譯）。

第二章：思量無常與死亡

龍樹菩薩《致親友書》甘珠爾仁波切注釋（Nagarjuna's Letter to a Friend with Commentary by Kangyur Rinpoche）第55節。

蓮花生大士：

頁33該經文引述於無數藏文作品。

頁35《大乘修心口訣：深義蜜汁賢瓶》（Theg pa chen po' i blo sbyong gi man ngag zab don sbrang rtsi' i bum bzang）。

頂果欽哲仁波切：

頁33《證悟者的心要寶藏》（The Heart Treasure of the Enlightened Ones）頁157、53-54。

頁35出處同上，頁157。

雪謙嘉察《觀修菩提心次第：治我執聚之大藥》（Byang chub kyi sems bsgom pa' i rim pa bdag 'dzin 'dzoms pa' i sman chen）頁41-56。

貢唐滇貝種美《修道覺受之歌》（Songs of Spiritual Experience，尚無中譯本）頁35。

滇尼林巴貝瑪策旺嘉波《普賢心滴》（Kunzang Nyingthig），法王俄吉旺波俄旺達杰（Chögyal Ngakyi Wangpo, Ngawang Dargyé，1736-1807）引述摘錄。《新伏藏大圓滿導

引：去無明闇智慧燈》（Gter gsar rdzogs chen gyi khrid yig ma rig mun sel ye shes sgron me）頁55-63。

釋迦牟尼佛《集法句經》（Udanavarga [ched du mjod pa' i mtshoms]）。

第七世達賴喇嘛格桑嘉措《轉化自心的禪修》（Meditations to Transform the Mind，尚無中譯本）頁98。

果然巴索南嘉稱《崖邊的隱士》（Hermit of Go Cliffs: Timeless Instructions from a Tibetan Mystic，尚無中譯本）頁153。

岡波巴，頂果欽哲仁波切口述記錄。

密勒日巴《密勒道歌集》（Mi la' i mgur' bum）節錄。

吉美林巴《功德藏》（Treasury of Precious Qualities）頁22。

巴楚仁波切，作者根據紐修堪仁波切口述巴楚仁波切的故事。

第三章：因果律則：從種子到果實

寂天《入菩薩行》（The Way of the Bodhisattva）第一章，第28節。

傑尊敏久巴準《密教大圓滿三寶總攝導引：口訣明燈藏》（Bka' gsang rdzogs pa chen po dkon mchog spyi' dus khrid yig man ngag gsal sgron snying po）頁17-18。

頂果欽哲仁波切《你可以更慈悲：菩薩三十七種修行之道》（The Heart of Compassion）頁90。

第十四世達賴喇嘛丹增嘉措，一九九八年德國席凡寧根（Schvenedingen）開示。

甘珠爾仁波切，甘珠爾仁波切對龍樹菩薩《致親友書》的注釋第44節。

第四章：受制於無明的世間，原本就令人不滿

第十四世達賴喇嘛丹增嘉措：

頁55一九九八年德國席凡寧根開示。

頁59二〇〇五年印度阿瑪拉瓦提（Amaravati）開示。

無著，蔣貢康楚羅卓泰耶編纂《竅訣藏》（Gdams ngag mdzod）第三函，頁458-459。

頂果欽哲仁波切：

頁57《你可以更慈悲：菩薩三十七種修行之道》頁91-92。

頁58《證悟者的心要寶藏》頁117-118。

第七世達賴喇嘛格桑嘉措《轉化自心的禪修》頁233。

吉美林巴：

頁59《功德藏》第四章，第3-5節。

頁61出處同上，第5節注釋。

第五章：斷捨苦因

第十四世達賴喇嘛丹增嘉措：

頁63作者譯自一九九八年德國席凡寧根開示。

頁66二〇〇四年多倫多開示。

頂果欽哲仁波切《證悟者的心要寶藏》頁51-52。

紐修堪仁波切，作者譯自其一九八七年於不丹巴羅的開示。

夏嘎巴，夏嘎措珠讓卓《文殊幻化經函》頁404-405。

密勒日巴《密勒道歌集》。

直貢吉顛貢波《忠告選粹》（Snying gtam gces bsdus）。

蔣貢康楚羅卓泰耶《大印教授藏》（Rgya chen bka' mdzod）第六函，頁17-24。

貝瑪林巴《持明蓮花洲之深伏藏法集》（Rig 'dzin padma gling pa yi zab gter chos mdzod）第十三函（PA函），頁200-205。一九八三年作者譯於貝瑪林巴家鄉，不丹布姆塘宗寧瑪隆（Nyimalung）寺。

巴楚仁波切，作者根據紐修堪仁波切口述巴楚仁波切的故事。

密勒日巴《密勒道歌集》，作者自藏文著作濃縮翻譯。

第六章：皈依

第十四世達賴喇嘛丹增嘉措二〇〇四年多倫多開示。

蓮花生大士《蓮師心要建言：蓮花生大師給予空行母伊喜措嘉及親近弟子的建言輯錄》（Dakini Teachings, a Collection of Padmasambhava's Advice to the Dakini Yeshe Tsogyal）頁11-12、20。

第七章：利他的慈悲

詠給明就仁波切《世界上最快樂的人》（The Joy of Living: Unlocking the Secret and Science of Happiness）第十三章，頁178。

寂天：

頁113《入菩薩行》第八章，第129-130節。

頁121出處同上，第三章，第18-22節。

第十四世達賴喇嘛丹增嘉措：

頁114一九九八年德國席凡寧根開示。

頁126改寫自《慈悲人生》（The Compassionate Life）總結。

紐修堪仁波切，作者譯自一九八七年不丹帕羅開示。

夏嘎巴《夏嘎巴自傳》（The Life of Shabkar, the Autobiography of a Tibetan Yogin）頁422、501。

吉美林巴《功德藏》第七章，第4-7節，頁59-60。

頂果欽哲仁波切：

頁119《證悟者的心要寶藏》頁2、39、45、66。

頁134《你可以更慈悲：菩薩三十七種修行之道》精粹，頁107-112。

第七世達賴喇嘛格桑嘉措《轉化自心的禪修》頁89。

甘珠爾仁波切，甘珠爾仁波切對龍樹菩薩《致親友書》之注釋。

阿底峽《大乘修心口訣：深義蜜汁賢瓶》頁340-341。

賈色托美《佛子仁波切托美之傳記：甘露滴》（Rgyal sras rin po che thogs med pa' i rnam thar bdud rtsi' i thigs pa），巴登耶謝（Palden Yeshe）著，收錄於頂果欽哲仁波切《你可以更慈悲》的引文。

第八章：六度

薩迦班智達《教授利他之月》（Chos bshad gzhan phan zla ba），夏嘎巴引述，頁578-579。

直貢敦珠卻嘉《忠告選粹》頁207。

吉美林巴：

頁151《功德藏》第71-72節，頁87。

頁178《答禪修問題》（Sgom phyogs dris len）頁5。

阿底峽《嘎當派諸聖哲之言論片段》（Mkha 'gdams kyi skyes bu dam pa rnams kyi gsung bgros thor bu ba rnams）頁4，巴楚仁波切《普賢上師言教》（The Words of My Perfect Teacher）引述。

格西波多瓦仁千瑟《（波多瓦）言談長篇，烏金幻化經函》（Tshig lab ring mo quoted in Shabkar, O rgyan sprul pa' i glegs bam）摘錄。

直貢敦珠卻嘉《忠告選粹》頁196。

米龐仁波切《文殊怙主米龐嘉措文集・宗薩版》（The Rdzong-gsar-prints of the Writings of 'Jam-mgon' Ju Mi-pham-rgya-mtsho）。

甘珠爾仁波切：

頁157吉美林巴《功德藏》頁281-284。

頁160出處同上，頁319-321。

頁170出處同上，頁322-323。

頁173出處同上，頁324-329。

頁181出處同上，頁335。

岡波巴，作者所受口述記錄。

稱嘎瓦羅卓嘉稱《嘎當幻化經函》（Bka' gdams sprul pa'i glegs bam）對開本第177b頁。

寂天《入菩薩行》第五章，第12-13節。第六章，第1-3、10、22、41、107-108節。

雪謙嘉察《大乘修心口訣：深義蜜汁賢瓶》頁441-444。

巴楚仁波切，作者根據紐修堪仁波切口述巴楚仁波切的故事。

朗日唐巴：

頁168《教授利他之月》夏嘎巴記載其軼事。

頁169出處同上。

釋迦牟尼佛，出處未知。

密勒日巴《密勒道歌集》。

頂果欽哲仁波切，口述記錄。

嘉瓦揚貢巴（Gyalwa Yangönpa），作者蒐集口述記錄。

密勒日巴《密勒道歌集》。

札珠雅旺顛津諾布《佛子行三十七頌注解與竅訣結合：甘露賢瓶》（Rgyal sras lag len so bdun ma'i grel pa gzhung dang gdams ngag zung'jug bdud rtsi'i bum bzang）對開本第87ff摺頁。英譯見於頂果欽哲仁波切《你可以更慈悲：菩薩三十七種修行之道》附錄三。

直貢吉顛貢波《忠告選粹》頁100。

惹那林巴（Ratna Lingpa）《法王寶洲之伏藏法 第一函 [喀函，傳記]》（Chos rgyal ratna gling pa'i gter chos, vol 1 [Ka, rnam thar]）頁190。

第九章：清淨障蔽、積聚福德

頂果欽哲仁波切：

頁186《證悟者的心要寶藏》內文改寫，頁68-70。

頁188 頂果欽哲仁波切致邱陽創巴仁波切詩集，那爛陀翻譯委員會翻譯。

佚名作者《轉煩惱為道》（Nyon mongs pa lam du blangs pa'i chos），收錄於蔣貢康楚羅卓泰耶編纂之《竅訣藏》第四函，頁89-90。

吉美林巴《答禪修問題》。

甘珠爾仁波切，吉美林巴《功德藏》頁212。

第十章：上師

甘珠爾仁波切：

頁201吉美林巴《功德藏》頁191-197。

頁209出處同上，頁197-204。

頂果欽哲仁波切《如意寶：上師相應法》（The Wish-Fulfilling Jewel）頁11。

蔣貢康楚羅卓泰耶《無上三內續之補充，蓮師面授道次第智藏之注釋：智慧顯明》。

直貢吉顛貢波，該名言引用於諸多作品，如頂果欽哲仁波切《如意寶：上師相應法》。

夏嘎巴：

頁207《雅唐措珠讓卓其自己與具緣弟子之開示集：奉上歌韻喜宴》（Bya btang tshogs drug rang grol gyis rang dang skal ldan gdul bya la mgrin pa gdams pa'i dang mdzod nas glu dbyangs dga' ston' gyed pa rnams）。

頁208《夏嘎巴自傳》第十章。

巴楚仁波切，作者根據頂果欽哲仁波切講述巴楚仁波切的故事。

第十一章：了知心性

頂果欽哲仁波切：

頁219《證悟者的心要寶藏》頁92-93。

頁220出處同上，頁107-109。

頁230出處同上，頁125-126。

頁234《你可以更慈悲：菩薩三十七種修行之道》頁120、132、134。

頁235《證悟者的心要寶藏》第43節注釋，頁115-116。

頁238《修行百頌：在俗世修行的一〇一個忠告》（The Hundred Verses of Advice）第51、52、53、55、56、74節注釋節錄，頁96-97、102、131、103、104、99。

米龐仁波切：

頁223《真陀摩尼》（Cintamani）頁129。

頁231《椎擊三要之口訣》（Tshig gsum ngad kyi man ngag）頁415-416。

夏嘎巴：

頁232《光明大圓滿立斷道歌：具迅速超過無餘地道之力之大鵬展翅》（od gsal rdzogs pa chen po'i khregs chod lta ba'i glu dbyangs sa lam ma lus myur du bgrod pa'i rtsal ldan mkha' lding gshog rlabs）第七道歌。

頁236《夏嘎巴自傳》頁418。

敏林大伏藏師局美多傑《敏林大伏藏師持明不變金剛文集》第六章，頁113。一九九八年八月八日譯於中國西部山區彥俄（Yan-nga，音譯）。

嘉瓦果蒼巴 貢波多傑（Gyalwa Gotsanpa, Gönpo Dorje）《烏金幻化經函》，夏嘎巴引述。

巴楚仁波切，作者譯自紐修堪仁波切藏文口述巴楚仁波切的故事錄音檔。

第十二章：隱士

桑傑溫惹達瑪森給，在山尖法（rtsib-ri spar-ma）中的《菩提義之頸扼斷法派諸教授行道所需之山法千言法類》（Byang chub don du gnyar ba'i gcod yul ka rnams lam mkho ba'i ri chos rtsibs stong'khor lo）頁1-3。

賈色托美《佛子托美之語錄》（Rgyal sras thogs med kyi gsung thor bu）。

果然巴索南嘉稱《崖邊的隱士》頁157。

嘉瓦揚貢巴《山法教誡修持直指所說易解成就粹要》（Ri chos bslab bya nyams len dmar khrid go bder brjod pa grub pa'i bcud len）敦珠仁波切著。

吉美林巴《答禪修問題》頁258。

直貢敦珠卻嘉《忠告選粹》頁194。

傑尊札巴嘉稱《竅訣藏》蔣貢康楚羅卓泰耶編纂，第六函。

夏嘎巴：

頁251《夏嘎巴自傳》頁55。

頁251出處同上，頁49。

頁252出處同上，頁168-169。

頁252出處同上，頁259。

仁津卻吉札巴《忠告選粹》頁157。

拉尊南開吉美，作者蒐集之手抄本。

敦珠仁波切《山法教誡修持直指所說易解成就粹要》。

第十三章：加深修行

直貢敦珠卻嘉《忠告選粹》頁199。

帕摩竹巴．多傑嘉波《忠告選粹》。

欽哲卻吉羅卓《宗薩欽哲仁波切蔣揚卻吉羅卓全集》（The Complete Works of rdzong gsar mkhyen brtse rin po che 'jam dbyangs chos kyi blo gros）第二函（Kha函），頁351-354。一九八八年譯於東藏宗薩扎西拉策（Dzongsar Tashi Lhazé）佛學院。

第十四章：見、修、行

嘉瓦龍欽冉江：

頁268《龍欽七藏之口訣寶藏論》（Man ngag rin po che'i mdzod in klong chen mdzod bdun）頁52。

頁271《龍欽語錄：天鵝問答冰片》（Ngang pa'i dri lan sprin gyi snying po）第一函，頁351-352。

阿底峽《大乘修心口訣：深義蜜汁賢瓶》雪謙嘉察引述，第六函（Cha函），頁397。

至尊多羅那他《至尊多羅那他之教言集》（Rje btsun ta' ra na' tha'i zhal gdams mgur' bum gyi skor）第一函，頁723。

第五世達賴喇嘛雅旺羅桑嘉措《你可以更慈悲：菩薩三十七種修行之道》，頂果欽哲仁波切引述。

頂果欽哲仁波切：

頁270《你可以更慈悲：菩薩三十七種修行之道》內文改寫。

頁291《頂果欽哲全集》（The Collected Works of Dilgo Khyentse）第三函，頁464、473、

475。吉美林巴著作《教誡妙海》（A Wondrous Ocean of Advice，尚無中譯本）注釋。
格西洽于瓦《嘎當派諸正士之語教聽聞錄》（Bka' gdams kyi skyes bu dam pa rnams kyi gsung bgros thor bu ba rnams）頁89。
雪謙嘉察《大藥：戰勝視一切為真的處方》（The Great Medicine That Conquers Clinging to the Notion of Reality: Steps in Meditation on the Enlightened Mind）雪謙冉江所作論釋節錄。藏文本《觀修菩提心次第：治我執聚之大藥》頁41-56。
敦珠仁波切：
頁278《山法教誡修持直指所說易解成就粹要》。
頁281出處同上。
頁293出處同上，頁23-33。
頁299出處同上。
仁津卻吉札巴：
頁278《忠告選粹》頁157。
頁280出處同上，頁159-160。
第七世達賴喇嘛格桑嘉措《轉化自心的禪修》頁111。
直貢敦珠卻嘉《忠告選粹》頁207。
岡波巴：
頁283口述記錄。
頁290《羅登嘎威嘉措》（Blo ldan dga' ba'i rgya mtsho）。

頁305口述記錄。

默秋巴仁謙聰助《竅訣藏》蔣貢康楚羅卓泰耶編纂，第十二函，頁499。英譯本見於蔣貢康楚《恆時狂喜》（Timeless Rapture，尚無中譯本）頁91-93。

米龐仁波切《真陀摩尼》頁191。

羅睺賢《菩薩行境圓滿清淨經義攝要》（Byang chub sems dpa' i spyod yul yongs su dag pa' i mdo' i don mdor bsdus pa），欽哲仁波切口頭開示。

巴楚仁波切，作者根據紐修堪仁波切口述巴楚仁波切的故事。

夏嘎巴，《夏嘎巴自傳》頁535-536。

讓日列巴・貢噶羅卓《烏金幻化經函》，夏嘎巴引述，頁421。亦見於《至尊大遍主讓日繞欽之語教面授：無死甘露水流》（Rje btsun khyab bdag chen po rang rig ras chen gyi gsung' gur dang zhal gdams' chi med bdud rtsi' i rlabs' phreng）。

第十五章：發露過失

頂果欽哲仁波切《證悟者的心要寶藏》頁44。

夏嘎巴《夏嘎巴自傳》頁178-182。

巴楚仁波切：

頁323《巴珠烏金吉美卻吉旺波文集》（Dpal sprul o rgyan' jigs med chos kyi dbang po' i gsung' bum）第八函（Nya函），頁286。

頁327出處同上，頁280。

頁349出處同上，頁140。

格登嘉措《父尊上師格登嘉措之文集》（Yab rje bla ma skal ldan rgya mtsho' i gsung' bum）第一函，頁115-116。

咕汝卻吉旺修《瑪尼大教集》（Ma ni bka' ' bum chen mo）頁54-56。

仁千彭措（Rinchen Phuntsok）《忠告選粹》頁141。

多竹顛貝尼瑪《多竹吉美顛貝尼瑪文集》（The Collected Works (gsung' bum) of rdo grub chen' Jigs-med-bstan-pa' i-nyi-ma）第三函（Ga函），頁208-211。

嘉瓦龍欽冉江《龍欽言論片段》（Klong-chen gsung thor bu）第二函，頁303。

第十六章：征服心魔

瑪姬拉準《甚深般若波羅蜜斷法口訣之典籍大教集》（Shes rab kyi pha rol tu phyin pa zab mo bcod kyi man ngag gi gzhung bka' tshoms chen mo）頁7。

賈春寧波《持明彩虹藏之伏藏集》（The Collected Revelations of rig' dzin' ja' tshon snying po）頁307-335。一九八三年譯於不丹大樂宮殿，德千確林波德朗（Dechen Chöling Phodrang）。英譯本《娘本定進桑波所問》（The Questions of Nyang Ben Tingzin Zangpo），蓮師翻譯小組出版。

附錄三：引用書目

（依照作者英文拼音的首字排列）

一、藏文著作

佚名作者，《轉煩惱為道》，收錄於蔣貢康楚羅卓泰耶《竅訣藏》。

阿底峽《嘎當派諸正士之語教聽聞錄／比丘羅桑秋培》119頁手抄本。川口收藏，館藏第163號，索書號2243，對開本1a1-24a6號。

法王俄吉旺波俄旺達杰《新伏藏大圓滿導引：去無明闇智慧燈》。帕羅（Paro）：喇嘛倫竹（Ngodrup Lama）及喜饒戴米（Sherab Demy），一九七九。

多竹顛貝尼瑪《多竹吉美顛貝尼瑪文集》，甘托克（Gangtok）：多竹千仁波切（Dodrubchen Rinpoche），一九七四-一九七五。

敦珠仁波切《山法教誡修持直指所說易解成就粹要》。由袞却丹津（Konchog Tendzin），本名馬修．李卡德，翻譯出版。烏金昆桑確林（Ogyen Kunsand Chöling）寺修訂此版本，一九七六。

札珠雅旺滇津諾布《佛子行三十七頌注解與竅訣結合：甘露賢瓶》木刻版。尼泊爾索盧坤布（Solokhumbu）圖登確林（Thubten Chöling）寺。

岡波巴《洛顛嘎威嘉措》。

格西洽于瓦《嘎當派諸聖哲之言論片段》《噶當巴上師偈誦》（Kadampa master lyrics）。

咕汝卻吉旺修（Guru Chökyi Wangchuk）《瑪尼大教集》，一九七六。

賈色托美《佛子仁波切托美之傳記：甘露滴》全二十三部對開本。廷布（Thimphu）：昆桑塔傑（Kunzang Topgye）《佛子托美之語錄》。廷布：不丹國家圖書館，一九八五。

嘉瓦龍欽冉江，見龍欽冉江。

蔣貢康楚羅卓泰耶雲丹嘉措（Jamgön Kongtrul Lodrö Thayé，Yonten Gyatso）：《大寶伏藏》（Bla med nang rgyud sde gsum gyi rgyab chos padma'i zhal gdams lam rim ye snying 'grel pa ye shes snang ba）。蔣貢康楚關於《道次第智慧藏》（Lam rim ye shes snying po）之注釋，收錄在《大寶伏藏》（Rinchen gter mdzod chen mo）中，全六十三函。帕羅：Sherab Ngodrup Drimey，一九七六。德里：雪謙出版社，新版。

《竅訣藏》，德里：雪謙出版社，一九九九。

《大印教誡藏》，德里：雪謙出版社，二〇〇〇。

賈春寧波（Jatshön Nyingpo）《賈春寧波開示選集》（The Collected Revelations of rig 'dzin 'ja tshon snying po），收錄於《嘉稱巴竹》（ja tshon pod drug）。大吉嶺：達隆澤珠貝瑪旺嘉，一九七九。

密勒日巴尊者，見《密勒日巴傳》。

傑尊敏久巴準《密教大圓滿三寶總攝導引：口訣明燈藏》，印度克勒門城（Clement Town）：D. G. 闊千祖古（D. G. Khochen Tulku）。

多羅那他尊者，見《多羅那他傳》。

吉美林巴《答禪修問題》。帕羅：倫竹（Ngodrup）及喜饒德米（Sherab Demy），一九七六。
格登嘉措《父尊上師格登嘉措之文集》，全四函，中國西藏：甘肅民族出版社（kan su'u mi rigs dpe skrun khang），一九九九。
欽哲卻吉羅卓《宗薩欽哲仁波切蔣揚卻吉羅卓全集》，甘托克：一九八一－一九八五。
龍欽冉江：
《龍欽七藏之口訣寶藏論》Ka部，第三函（Ga函），安章卻嘎（a' dzom chos sgar）版。
《龍欽語錄：天鵝問答冰片》，作者龍欽冉江巴止美沃色（Klong chen Rab 'byams pa Dri-med 'od-zer），擷取安章卻嘎（a' dzom chos sgar）段落印刷，全二函。德里：桑杰多傑（Sanje Dorje），一九七三。
瑪姬拉準《甚深般若波羅蜜斷法口訣之典籍大教集》，蔣貢康楚羅卓泰耶編纂《竅訣藏》第十三函（Pha函）。
密勒日巴《密勒道歌集》，倉地瘋嘿魯嘎汝貝嘉千（Tsang Nyon Heruka）編纂。甘托克：慧幢（Sherab Gyaltshen），一九八三。
敏林大伏藏師局美多傑《敏林大伏藏師持明不變金剛文集》。德拉敦（Dehradun）：闊千祖古（Khochhen Tulku），一九九八。
米龐仁波切：
《真陀摩尼》。瓦拉納西：塔唐祖古（Tarthang Tulku），一九六七。
《文殊怙主米龐嘉措文集．宗薩板》，米龐仁波切節錄編纂。德里：雪謙出版社，一九八四。

《椎擊三要之口訣》，米龐仁波切節錄編纂，第十九函。德里：喇嘛倫竹（Ngodrup Lama）及喜饒德米（Sherab Demy），雪謙出版社，一九九三。

年札龍日尼瑪《德雄祖古仁波切蔣揚貢嘎顛貝嘉稱等之開示集》（Sde gzhung sprul sku rin po che 'jam dbyangs kun dga' 'bstan pa'i rgyal mtshan la sog pa'i zhal gdams khag bzhugs），加德滿都：堪布阿貝仁波切。

巴登耶謝（Palden Yeshe）《佛子仁波切托美之傳記：甘露滴》，全二十三部對開本。廷布：昆桑塔杰（Kunzang Topgye）。

巴楚仁波切《巴楚烏堅吉美卻吉旺波文集》（Dpal sprul o rgyan 'jigs med chos kyi dbang po'i gsung 'bum），全八函。成都：四川民族出版社（Si khron mi rigs dpe skrun khang），二〇〇九。

貝瑪林巴《持明蓮花洲之深伏藏法集》第十三函（Pa函）。廷布：昆桑塔杰，一九七五-一九七六。

羅睺賢《菩薩行境圓滿清淨經義攝要》，欽哲仁波切口頭開示。丹珠爾，第一二〇函，第358r-361r摺頁（頁715-721）。天津本，一九八八。

讓日列巴·貢噶羅卓《至尊大遍主讓日繞欽之語教面授：無死甘露水流》喀（Kha）函，新德里：烏金多傑（Ugyen Dorje），一九七六。

惹那林巴·寶吉祥（Rinchen Pal）《法王寶洲之伏藏法》。大吉嶺：達隆澤珠貝瑪旺嘉，一九七七-一九七九。

桑傑溫惹達瑪森給《菩提義之頸扼斷法派諸教授行道所需之山法千言法類》，在山尖版中的《噶舉寧瑪諸大士之印圓竅訣精華要點珍寶庫藏．山尖版》（dkar rnying gi skyes chen du ma'i phyag rdzogs kyi gdams ngag gnad bsdus nyer mkho rin po che'i gter mdzod rtsibs ri'i par ma）第二十三（A）函。

夏嘎措珠讓卓：

《嘎當幻化經函》。

《雅唐措珠讓卓其自己與具緣弟子之開示集：奉上歌韻喜宴》第三-五函。德里：雪謙出版社，二〇〇三。

《教授利他之日》（SH60）於夏嘎巴開示集，第十函（Tha函）。德里：雪謙出版社，二〇〇三。

《蔣揚幻化經函》（'Jam dbyangs sprul pa'i glegs bam）於夏嘎巴開示集，第八函（Nya函）。德里：雪謙出版社，二〇〇三。

《烏金幻化經函》於夏嘎巴開示集，第九函。德里：雪謙出版社，二〇〇三。

《光明大圓滿立斷道歌：具迅速超過無餘地道之力之大鵬展翅》，於夏嘎巴開示集，第十三函（Pa函）。德里：雪謙出版社，二〇〇三。

釋迦牟尼佛《集法句經》，大德法救（Dharmatrata）於西元四世紀前期，擷取集合佛教經典經文編纂。

雪謙嘉察：

《觀修菩提心次第：治我執聚之大藥》，收錄於雪謙嘉察全集中，第五函（Ca函）德里：雪謙出版社，一九七五-一九八五。

《金剛乘共同前行總體堪能結合之導引：遍知言教解脫車乘》。

《大乘修心口訣：深義蜜汁賢瓶》，收錄於雪謙嘉察全集中，第六函（Cha函）。德里：雪謙出版社，一九七五-一九八五。

《遍知者口傳導引金剛乘前行解脫車乘》（Zhabs dkar tshogs drug rang grol gyi bka' 'bum）。收錄於雪謙嘉察全集中，第七函。帕羅：欽哲仁波切，一九七五-一九九四。

佚名作者《忠告選粹》於印度發行編纂，發行者未知。

多羅那他《至尊多羅那他之教言集》，拉達克列城Leh：南嘉（C. Namgyal）及策旺答如（Tsewang Taru），一九八二。

二、歐美語系著作

達賴喇嘛《慈悲人生》，麻薩諸塞州薩默維爾：智慧出版社，二〇〇三。

頂果欽哲仁波切：

《頂果欽哲全集》第三函。波士頓：香巴拉出版社，二〇一〇-二〇一一。

《成佛之道：殊勝證悟道前行法》，針對蔣揚欽哲旺波所撰前行法之開示。紐約州綺色佳：雪獅出版社，一九九六。

《你可以更慈悲：菩薩三十七種修行之道》。波士頓：香巴拉出版社，二〇〇七。

《證悟者的心要寶藏》。波士頓：香巴拉出版社，一九九三。

《修行百頌：在俗世修行的一〇一個忠告》。蓮師翻譯小組翻譯。波士頓：香巴拉出版社，二〇〇二。

《如意寶：上師相應法》。波士頓：香巴拉出版社，一九九九。

第十四世達賴喇嘛，見達賴喇嘛。

蔣貢康楚編纂《無盡的狂喜：受香巴噶舉大師啟發所寫》。昂汪桑波（Ngawang Zangpo）翻譯注釋。紐約州綺色佳：雪獅出版社，二〇〇三。

吉美林巴《功德藏》，甘珠爾仁波切龍欽依喜多傑注釋再版。波士頓：香巴拉出版社，二〇一〇。

龍樹菩薩《致親友書》，甘珠爾仁波切注釋，蓮師翻譯小組翻譯。紐約州綺色佳：雪獅出版社，一九九六。

蓮花生大士《蓮師心要建言：蓮花生大師給予空行母伊喜措嘉及親近弟子的建言輯錄》，艾瑞克・貝瑪昆桑（Erik Pema Kunsang）藏文英譯。香港：自生慧出版社（Rangjung Yeshe Publications），二〇〇四。

巴楚仁波切《普賢上師言教》，蓮師翻譯小組翻譯。波士頓：香巴拉出版社，一九九四。

第十四世達賴喇嘛・丹增嘉措《慈悲人生》法文版（Les voies spirituelles du Bonheur），巴黎：夏特勒出版社（Presses du Ch telet），二〇〇二。英譯本。麻薩諸塞州薩默維爾：智慧出版社，二〇〇三。

第七世達賴喇嘛《轉化自心的禪修》，葛連穆林（Glenn H. Mullin）翻譯編纂。紐約州綺色佳：雪獅出版社，一九九九。

夏嘎巴《夏嘎巴自傳》，馬修・李卡德翻譯。紐約州綺色佳：雪獅出版社，二〇〇一。

寂天《入菩薩行論》，蓮師翻譯小組翻譯。波士頓：香巴拉出版社，一九九七。

雪謙冉江（Shechen Rabjam）《大藥：戰勝視一切為真的處方》，論釋節錄自雪謙嘉察之藏文本。波士頓：香巴拉出版社，二〇〇七。

賽勒斯．斯特恩斯（Stearns, Cyrus）《崖邊的隱士》，波士頓：智慧出版社，二〇〇〇。

丹增嘉措，見達賴喇嘛。

圖登晉巴（Thubten Jinpa）及賈思．艾斯納（Ja Elsner）《修道覺受之歌》，尚無中譯本）。波士頓：香巴拉出版社，二〇〇〇。

依喜措嘉（Yeshe Tsogyal）《蓮師傳：蓮花生大士的生平故事》（The Lotus-Born: The Life Story of Padmasambhava），艾瑞克．貝瑪昆桑（Erik Pema Kunsang）翻譯。香港：自生慧出版社，二〇〇四。

詠給明就仁波切：

《世界上最快樂的人》。紐約：啟示出版社（Harmony Books），二〇〇七。

《你是幸運的》（Joyful Wisdom: Embracing Change and Finding Freedom），紐約：啟示出版社（Harmony Books），二〇〇九。

附錄四：人物簡介

（依照人物英文拼音的首字排列）

無著（Asanga，第四世紀） 大乘教法最偉大的闡釋者之一；他和弟弟世親（Vasubandhu）共同創立了瑜伽行派（yogacara），或稱唯識宗（cittamatra）；曾撰寫《慈氏五論》（Five Teachings of Maitreya），人們認為他是從未來佛彌勒（慈氏）那裡領受這些教法。這些著作主要討論一切眾生皆具的佛性，是藏傳佛教四大教派較高深研究的核心部分。不過，各派對這些著作有著不同的看法，有些認為它們表達了佛陀教法的實意（了義），其他則認為它們描述了佛陀教法權宜而授或可供詮釋的意義（不了義）。

阿底峽（Atisha，982~1054）或稱吉祥燃燈智（Shri Jnana Dipamkara），出身孟加拉皇室，是一位學者，也是印度佛教大師。他在印度跟隨金剛乘的大師學習之後，前往蘇門答臘跟隨他的根本上師十二年。菩提心的修持和修心的善巧，乃其上師教法的重心，而這些教法也成為阿底峽自身修行和後期弘揚的教法核心。

阿底峽於一〇四〇年，應西藏國王之請前往西藏，將餘生都奉獻給西藏，而於後弘期扮演了關鍵的角色，尤其是在傳授修心的教法方面。他也堅決主張要回歸嚴格的寺院戒律。其著作超過兩百函的文典和翻譯，其中最著名的是《菩提道燈論》，它是格魯派修持的漸進道之源。

種敦巴，是阿底峽的主要弟子，也是噶當派的創始者。

佛（Buddha），參見釋迦牟尼佛（Buddha Shakyamuni）。

稱嘎瓦羅卓嘉稱（Chengawa Lodro Gyaltsen，1402~1472）。

卻吉羅卓（Chokyi Lodro），參見欽哲卻吉羅卓（Khyentse Chökyi Lodrö）。

達瑪桑給（Dharma Senge），參見桑傑溫惹達瑪桑給。

頂果欽哲仁波切（Dilgo Khyentse Rinpoche，1910~1991）於西藏接受完整教育和修行訓練的上一代西藏大師中，最後的代表人物之一。他獨自在僻靜處閉關二十年，是取出蓮師為未來世代所埋伏藏的取藏師、大圓滿傳承的重要上師，也是不分派運動的典型代表人物。其知名之處在於他能夠根據各佛教傳承來傳授相應的教法。在當代上師之中，只有極少數人不曾領受頂果欽哲仁波切的法教，而包括第十四世達賴喇嘛尊者在內的許多上師，都將他尊為自己的根本上師。頂果欽哲仁波切高大莊嚴的風采、簡樸、威儀和幽默，對緣遇者所帶來的啟發鼓舞，至今從未止息。

仁波切在一九一〇年出生於西藏東部的丹柯（Denkhok）河谷，父親是當地的顯要人物。孩童時即展現意欲投身宗教生活的強烈欲望，但父親另有打算而大大反對。在仁波切遭遇嚴重的意外之後，他父親所敬重的上師們都預言，如果再不讓他實現願望，他將不久於人世，父親終於不再固執己見。

十一歲那年，仁波切遇見根本上師雪謙嘉察貝瑪南賈，後者認證他為第一世欽哲仁波切蔣揚欽哲旺波（Jamyang Khyentse Wangpo，1820~1892）智慧心意的轉世。他也師事其他五十多位偉大的上師。從十五歲到二十八歲，他幾乎將所有的時間都用來從事禁語閉關，在與世隔絕的山間洞穴和隱居之處禪修，有時候甚至只棲身在突出的岩石底下。

之後，他追隨宗薩欽哲卻吉羅卓（1896~1959）數年。宗薩欽哲卻吉羅卓也是第一世欽哲的轉世。在領受了許多灌頂之後，頂果欽哲仁波切告訴宗薩欽哲卻吉羅卓，他想要到僻靜處閉關並度過餘生。但他的上師卻回答：「現在，該是你把所受之珍貴法教傳授他人的時候了。」從那時起，仁波切用欽哲上師們特有的不倦精力，時時為利益眾生而努力。

後來由於中國入侵，他離開西藏而在不丹得到庇護，並以不丹為基，行遍喜瑪拉雅山區、印度、東南亞和西方各地，傳授並闡釋佛法。不論置身何處，他總是在黎明前起身，祈願和禪修數小時之後，再展開一連串不間斷的活動，直至深夜。每一天，他都懷著全然祥和的心，毫不費力地完成數量龐大的工作。另外，他也在西藏、不丹、印度和尼泊爾孜孜不倦地興建並修復舍利佛塔、寺院和廟堂。他成為上自不丹皇室，下至不丹平民最為敬重的上師。在生命的最後幾年，仁波切三度前往西藏，參與兩百多座寺院與廟堂的重整修復工作，其中包括桑耶寺和敏珠林寺。

在尼泊爾，仁波切把雪謙豐富的傳統重新建立於流亡的新家，也就是名為雪謙滇尼達吉林（Shechen Tennyi Dargyeling）的宏偉寺院。目前，這座寺院是由頂果欽哲仁波切的孫子雪謙冉江仁波切（Shechen Rabjam Rinpoche），以及仁波切自己的轉世頂果欽哲揚希仁波切（Dilgo Khyentse Yangsi Rinpoche）所主持。有鑑於西藏的佛書和圖書館經過大規模的破壞之後，許多書籍都只剩下一、兩本的副本，仁波切花了多年的時間，盡可能地印行藏傳佛教的特殊遺產，共約四百函。

他在一九七五年首度前往西方國家，此後便定期造訪。他曾在許多國家傳法，並於法國多荷冬（Dordogne）建立駐錫地。一九九一年，他首度示顯病兆。於最後一次、三個半月的閉關之後，他探視了正在閉關的一些弟子，提醒他們：究竟的上師乃超越生死和任何肉身的化現。不久之後，他再度顯示新的病兆。同年九月二十七日夜幕低垂之際，仁波切要求侍者協助將他扶起坐直；翌日清晨，他的呼吸停止，心意則融入了究竟虛空之中。他的完整著作包括二十五函的伏藏、禪修法本、詩集和論著。

多竹顛貝尼瑪（Dodrup Tenpai Nyima，1865~1926）幼年時期即被認證為前一世多竹千（多智欽）的化身，五歲陞座之後，領受了眾多教法；尤其在佐欽寺，他從巴楚仁波切那裡領受了寂天菩薩著名的《入菩薩行論》。八歲那年，便在一大群出家眾和在家眾面前傳授了同一個教法。他一方面師事當代最偉大的上師，一方面開始持續不斷地傳法。在生命的最後幾年之中，他因健康不佳而必須在僻靜處獨自閉關，但仍然研習、修行並撰寫後來備受傑出學者讚譽的論著，同時只教導一些主要的弟子。他的兄弟看他不屈不撓地研修，詢問他何時才會停止。他回答：「當我達至正等正覺的時候。」同時代的人形容他幾乎像個孩子，十分隨和，了無驕慢。由於他已然自在了達心性，所有緣遇之人都為此感到相當震撼。有一天，他待在隱居處所，對著距離住處兩天馬程之外的一座舍利塔修持迴向。當他依循傳統的儀軌丟擲米粒時，那些米粒全都落在那座佛塔上。另一次，他在撰寫一部重要的論釋時，要求侍者把那份未完的手稿包裹起來，放在架上，以便讓繼任者完成撰寫的工作。當他後來重病圓寂時，身旁出現了不可思議的徵兆。

直貢敦珠卻嘉（Drigung Döndrup Chögyal，1668~1718），仁津卻吉札巴（Rigdzin Chökyi Trakpa）的轉世。

直貢吉天恭波．仁千帕（Drigung Jigten Gönpo，Rinchen Pal，1143~1217）又稱吉天頌恭（Jigten Sumgon）、直貢究巴（Drigung Kyopa）、直貢巴津（Drigung Palzin），出生於西藏東部，幼年即顯示超乎尋常的能力。八歲那年，他在禪修中看見所有輪迴與涅槃之現象皆是不具實體的顯相，如同鏡中倒影。許多人都前來向他領受法教。有一天，他聽到帕莫竹巴的名號，立刻了知這位是他的上師。他馬上展開漫長艱困的旅程，前往西藏中部去見帕莫竹巴，並留在他身邊兩年半。帕莫竹巴離世時，在場所有弟子都看見一只發光的金剛杵從他心間放出，融入直貢究巴的心間。其後，直貢究巴布施了他所擁有的一切，前往一處洞穴禪修七年。後來，他創建直貢噶舉派最大的寺院直貢蔣秋林（Drigung Jangchub Ling），並以餘生於該處傳法。

敦珠仁波切．吉札耶喜多傑（Dudjom Rinpoche，Jigdral Yeshe Dorje，1904~1987）藏王赤松德贊的直系後裔。出生時，他的前一世——第一世敦珠仁波切，依然健在；後者圓寂之前，給予了如何尋找繼任的特定指示，並詳細指出他會在他們（尋找者）到達之前就先抵達該地。當侍者前往尋找靈童時，靈童已經三歲，不但認出他們，還能叫喚他們的名字。

十四歲那年，他以數個月的時間公開傳授《大寶伏藏》（Collection of Precious Treasures）。身為取藏師的他，由於兼為卓越的學者和出眾的上師，很快就聲名遠播。他個人的著作和針對過去文典所做的彙編選集，總共超過五十函。他也是寧瑪派的掌教法王。對於如他這般地位高階的西藏上師而言，還有一個值得注意的細節是，他決定在法國多荷冬度過生命的最後幾年，而於一九八七年在該處圓寂。

札珠雅旺顛津諾布（Dzatrul Ngawang Tenzin Norbu，1867~1940）來自西藏西南部，是寧瑪派的大學者和具成就的瑜伽士。他在珠穆朗瑪峰附近創建了壤布多雅卻林寺（Rongpu Do-Ngak Choling），並以此為駐錫地，逐漸吸引了無數的弟子前往。他也在尼泊爾雪巴（Sherpa）人居住的地區建立寺院。

他精力充沛、才智敏銳，不僅於駐錫地聞名而贏得「壤布之佛」的暱稱，甚至讓一九二四年第一批和之後攀登珠穆朗瑪峰的探險隊成員印象深刻。他曾撰寫眾多著作，但不幸的是，其中部份遭到入侵西藏的中國人摧毀，總共只留下九函。

第五世達賴喇嘛雅旺羅桑嘉措（The Fifth Dalai Lama, Ngawang Lobsang Gyatso，1617~1682）尊稱「勝妙之第五」（Great Fifth），不僅是了不起的上師，也是覺醒證悟

的政治領袖。他成為蒙古統治者固始汗（Gushri Khan，或譯顧實汗）的上師，並且統一西藏各地。在所有的達賴喇嘛之中，他所行使的政治權力是最大的。在一九五九年中共入侵西藏之前，他為西藏政府所建立的體系大都保持不變。

一六四五年，他在藏王松贊干布（609或613~650）建造別宮的拉薩山丘上，興建巨大的布達拉宮，而成為西藏政府的中心。他也興建甲波日醫學院（Chakpori medical school，或藥王山醫學院），且直到一九五九年被入侵的中國軍隊摧毀之前都一直保持運作。他是個具遠見的上師，對不同的佛教學派採取不分派的態度。

第十四世達賴喇嘛丹增嘉措（The Fourteenth Dalai Lama, Tenzin Gyatso，1935~）當今的達賴喇嘛，兩歲時被認證為第十三世達賴喇嘛圖登嘉措的繼任轉世。在中國入侵、拉薩叛變之後，二十四歲的達賴喇嘛逃離西藏，成為第一個被迫在自己國家之外度過大部分人生的達賴喇嘛。在印度的庇護接待之下，他終於在達蘭薩拉安頓下來，並且致力於保存西藏的修行和文化遺產。

第十四世達賴喇嘛受到藏傳佛教所有傳承的共同敬重。他是偉大的政教合一治理者，持續努力研習、修持並傳授藏傳佛教所有教派的法教。他強調無私慈悲的重要性，常常說：「我的宗教，就是慈愛。」身為西藏運動（Tibetan Cause）的世界發言人，他描述自己的職志是為公平正義而奮鬥。他也推動西藏流亡政府的民主制度。這三十年來，他和科學界建立持續的對話，尤其促成了神經科學的研究計畫，探討修心對腦部所帶來的短期和長期效益。由於他致力促進四海之內皆兄弟、世界和平、普世的責任感和非暴力，而在1989年獲頒諾貝爾和平獎。他形容自己是「一位單純的佛教出家人。」

岡波巴索南仁千（Gampopa Sonam Rinchen，1079~1153）出生於西藏東部，原本是一位醫師，婚後育有兩名子女，但家人皆死於瘟疫。他在垂死妻子的病榻旁邊，立誓以餘生致力於修持佛法。他在二十六歲領受比丘戒，並開始跟隨噶當派上師研習和修持佛法，但仍無法認識心性。三十二歲那年，他僅僅聽聞密勒日巴的名號，就生起大到幾乎使他昏厥的信心，當時他唯一的願望就是會見密勒日巴並成為他的弟子。後來，他從密勒日巴處領受了金剛乘最高深的法教，以十年的光陰付諸實修，證得高深的證量。

之後，他將餘生用來指導數千名的弟子，並留下《解脫莊嚴寶論》（The Jewel Ornament of Liberation）作為他的明證和遺教。在這本著作中，他結合了噶當派的漸進道，以及密勒日巴所授、關於大手印——究竟實相大印的教導。在他的主要弟子中，杜松虔巴（1110~1193）日後成為第一世大寶法王噶瑪巴。

格西恰于瓦（Geshe Chayulwa，1075~1138）

格西波多瓦仁千瑟（Geshe Potowa Rinchen Sel，1031~1105）

果然巴索南嘉稱（Godragpa Sonam Gyaltsen，1170~1249）或稱果札巴，薩迦派大師，

出生於西藏西部的定日（Dingri）。曾領受過其他學派的法教，尤其從著名的孟加拉大師自在月（Vibhutichandra）處受教。在聖山岡仁波齊峰（岡底斯山）的山腳下禪修五年之後，證得了最高的證量。他創建果札寺，並因「果札」這個稱號而出名。他以精通禪修和克服修道障礙的特定法門而聞名，因此吸引大批弟子。

他的證道歌使其聲名廣傳，遠遠跨越了寺院的疆界，西藏領袖、各派信徒、甚至蒙古皇室都知曉這號人物。在西藏，印度詩歌的規範被當作一種標準參考，並依其傳統對詩歌進行美化潤飾；但他的詩歌與此形成素淨的對比，無拘無束地表達他印象中那些與世隔絕之處的壯麗風光，而他生命中的大多數時間都是在這些地方度過。他最著名的弟子揚貢巴創立直貢噶舉，對藏傳佛教影響深遠。

貢唐滇貝種美（Gunthang Tenpai Dronme，1762~1882）。

咕嚕卻吉旺秋（Guru Chokyi Wangchuk，1212~1270）

寧瑪派大師和取藏師，也是伏藏傳承的第一位編年史家。他出生於西藏南部的洛札（Lhodrag），於十三歲那年取出授記的伏藏清單。其明妃覺嫫曼嫫（Jomo Menmo）也是取藏師。

在他取出的眾多法本之中，有一套修行法門至今仍是禮敬蓮師之聖舞儀式的基礎，大多的寧瑪派寺院每年都會依此舉行蓮師金剛舞的法會。

賈色托美（Gyalse Thogme，1295~1369）出生於西藏中部，自幼即顯露大悲心的徵兆。其他眾生的痛苦總是讓他感到悲傷，而眾生的快樂則讓他感到欣喜。十四歲那年，他了悟輪迴之樂其實是苦，因而領受沙彌戒；從十六歲開始，他從學於藏傳佛教各派的眾多上師。他擁有聰慧的心智和無比的決心，因此很快就通曉大量的文典，內在的修行也迅速開展。他開始傳法，並撰寫論釋來釐清法教的意義。他以自身所遇的艱鉅困難為基準，撰寫了著名的《佛子行三十七頌》（Thirty-Seven Stanzas on the Practice of Bodhisattvas），摘述了整個菩薩道的要點。

好幾千人受到他的完美良善、全然正直、依弟子所需而教的能力所吸引而前往拜見。他圓滿體現菩薩的行止，布施所具的一切，直到自己沒有食物可吃。他幾乎從不躺下，日夜保持坐姿（不倒單）。有許多次，他甚至在眾人的見證下，實際承擔了他人的病痛；人們光是見到他，就會生起信心和慈悲。從來沒有誰聽過他對任何人說過重話。

嘉瓦果蒼巴貢波多傑（Gyalwa Gotsangpa Gonpo Dorje，1189~1258）直貢噶舉派最偉大的瑜伽士、隱士和上師之一。他人生大部分的光陰主要都在聖山岡仁波齊峰附近的洞穴中度過。他以全然出離的態度聞名。關於利他慈心、悲心和淨觀的著作尤能激勵人心。

年輕時，他是個才華洋溢、極具魅力的演員，跟著劇團旅行，在城鎮鄉村的街上表演音樂和歌舞。十六歲那年，他在造訪拉薩期間，目睹人們的虔敬心而深受啟迪，對世間的俗務感到厭惡，進而想要了解佛陀的法教。於是他廣泛地研習，從眾多上師處領受法教，尤其是噶當、噶舉和息法等傳承的法教。當他聽到未來根本上師臧巴嘉瑞（Tsangpa Gyare）

的名號時，感受到一股深切而震撼人心的虔敬。在他們終於相見時，臧巴嘉瑞大喊：「你來了！太棒了！」

他在與世隔絕的僻靜處從事多年的閉關，忍受最極端的艱困，拒絕把障礙視為問題。於上師過世之際，他決定把上師最後的忠告用文字寫下：「放棄所有的世俗罣礙，留在山間僻靜之處。」他在洞穴中禪修多年，主要在聖山岡仁波齊峰附近。於拉隆（Ralung），當他在小屋內修行的時候，氾濫的湖水淹入屋內，儘管身體有一半浸在水裡，他還是不動聲色地繼續禪修。在生命的最後幾年，他建造寺院，吸引數千位信徒前來。他標示路線，開啟了在聖山岡仁波齊峰朝聖的繞山傳統。

賈瓦龍欽冉江（Gyalwa Longchen Rabjam），**參見龍欽冉江**（Longchen Rabjam）。

賈瓦揚貢巴（Gyalwa Yangonpa，1213~1287）。

蔣貢康楚羅卓泰耶（Jamgon Kongtrul Lodro Thaye，1813~1899）　出身西藏東部的苯教家庭，後來接受佛教教育。幼年即顯露非比尋常的根器；他心胸開放，從學於藏傳佛教所有學派的上師，敏銳的聰明才智使他迅速通曉多種法教，包括醫藥方面的知識。他一生從事撰述、禪修和傳法。儘管他身居高位，卻超越常規而拒絕擁有僕人。

他對佛教的重大貢獻在於倡導「利美」（或稱不分派運動）。他和身兼其上師與弟子的蔣揚欽哲旺波共同開創這個運動，平息那些使各派分裂的偏頗觀點，同時維持它們獨特的派別和教導的特色。除了其他著作之外，他的博學多聞使其完成撰寫《五寶藏》（Five Great Treasures）。《五寶藏》是名副其實的佛教百科全書，總共超過九十函，集結了藏傳佛教各個大小傳承的主要法教。

賈春寧波（Jatshon Nyingpo，1585~1656）。

傑尊密勒日巴（Jetsun Milarepa），參見密勒日巴。

傑尊敏久巴準（Jetsun Mingyur Paldron，1699~1769）。

至尊多羅那他（Jetsun Taranatha），參見塔拉那達。

傑尊札巴嘉稱，參見札巴嘉稱（Trakpa Gyaltsen）。

吉美欽哲仁波切（Jigme Khyentse Rinpoche，1964～）甘珠爾仁波切（參見甘珠爾仁波切）最小的兒子，被認證為欽哲卻吉羅卓的化身之一。他受教於父親和頂果欽哲仁波切、敦珠仁波切和楚璽仁波切等當代大師，英語和法語都很流利，並因甚深的法教和完美的謙遜而備受敬重。他孜孜不倦地行遍世界，指引各國弟子。

吉美林巴（Jigme Lingpa，1729~1798）或稱無畏洲、智悲光，寧瑪派最偉大的上師、作者、取藏師之一。他在極為年幼時，仍記得自己的前世。從六歲開始，他領受沙彌戒和眾多法教與口傳，並在十三歲時遇見了根本上師。

他在二十六歲那年進行一次長時間的閉關。在此期間，他研讀龍欽巴的《七寶藏》，而對龍欽巴生起強烈的虔敬心。第二次閉關期間，龍欽巴在淨相中顯現於面前，他因而領會了龍欽巴所授主要伏藏《龍欽心髓》的意義，該伏藏後來成為寧瑪派最常修持的法教之一。之後，他弘揚《龍欽心髓》法教，創建慈仁炯寺（Tsering Jong），並撰寫許多關於宗教和世俗的著作，其中最著名的便是《功德藏》及其兩本自陳論釋，精妙地陳述了寧瑪派的修道次第。

格登嘉措（Kalden Gyatso，1607~1677）。

甘珠爾仁波切（Kangyur Rinpoche，1897~1975）出生於西藏東部的康區，從童年時即展現出不可思議的修行功德。一天，他和一群朝聖者共同前往米龐仁波切的隱居洞穴，拜見這位偉大的上師。仁波切指著他問道：「這個男孩是誰？」僧侶們回答：「村裡的小男孩」。米龐仁波切想了想之後說：「有些男孩將成為偉大的上師。」他在年幼時期便進入規模龐大的日窩切寺（Riwoche）；在這裡，人們一起修持各種不同傳承的修行法門，而他在這裡從學於自己的根本上師，也就是蔣揚欽哲旺波的重要弟子傑仲聽列蔣巴炯涅（Jedrung Trinle Jampa Jungne）。

在完成寺院的傳統研修之後，仁波切前往康區邊界進行九年閉關。然後，他步行數個月，前往西藏中部的達隆寺（Taklung）。在寺院舉行結夏安居的期間，僧侶們正式請求他給予《甘珠爾》的口傳。《甘珠爾》是佛陀開示經典的藏文翻譯，總共一〇三函。由於他在念誦、闡釋這些法本時所展現的善巧能力，使他成為知名的「甘珠爾仁波切」。身為取藏師，他也撰寫許多重要的著作，其中包括針對吉美林巴《功德寶藏論》所做的論釋。他在一九五五年預見中國入侵西藏迫在眉睫，於是決定用騾子馱著自己唯一的財富——數百本書，帶著妻小前往印度。一九六〇年，他在大吉嶺附近安頓之後，便開始持續不斷地傳法，直到一九七五年圓寂。他擁有眾多西方弟子，是在西方國家為藏傳佛教奠定基礎的第一批西藏上師之一。他的兒子暨法嗣達隆澤珠貝瑪旺嘉仁波切（Taklung Tsetrul Pema Wangyal Rinpoche）、吉美欽哲仁波切和壤朵仁波切（Rangdrol Rinpoche）則持續在世界各地傳授甘珠爾仁波切的教法，主要的地點為法國多荷冬的香特鹿中心（Centre d'Etudes de Chanteloube）。

格桑嘉措（Kelsang Gyatso），參見第七世達賴喇嘛格桑嘉措。

欽哲卻吉羅卓（Khyentse Chokyi Lodro，1893~1959）來自西藏東部，公認為其所屬年代中，對藏傳佛教最具影響力的上師。他被認證為蔣揚欽哲旺波大師的化身。年幼時期於噶陀寺陞座，並在那裡開始學習。十五歲那年，他應邀管理宗薩寺。他師事不同學派的眾多偉大上師。之後，他孜孜不倦地把藏傳佛教的法教傳授給各個學派的無數上師，尤其是寧瑪派和薩迦派的上師，其中包括他主要法嗣之一的頂果欽哲仁波切。一九五五年，他預見中國入侵西藏所致的衝突將帶來巨大的毀滅，因而離開西藏，流亡錫金，並在錫金建立永久駐錫地，以餘生持續廣傳佛法。

朗日唐巴（Langri Thangpa，1054~1123）噶當派的著名上師，最知名的著作為《修心八頌》，至今仍受藏傳佛教的各個學派所修持。他總是對身處虛幻輪迴之眾生受著無盡痛苦而感到悲傷，這是他另一個聞名之處，而這個態度也成為初學者測量自己思量輪迴過患是否足夠深切的標準，並使他贏得「愁容」的暱稱，因為人們從未看過他綻放笑容。唯一的一次是他注意到老鼠試圖把佛龕上的綠松石扛走，由於自己搬不動，老鼠便叫喚同伴前來幫忙。兩隻老鼠一前一後奮力移動綠松石的滑稽模樣，讓朗日唐巴露出了難得的微笑。

拉尊南開吉美（Lhatsun Namkhai Jigme，1597~1650）出生於西藏南部，是偉大的上師和取藏師。他在跟隨一位大圓滿上師學習十七年之後，於西藏西部和東部最偏僻的地方禪修數年，證得了從上師處所薰染而來的了悟。在獨自閉關的期間，他取出自己所獲授記的伏藏，其中最著名的便是《金剛藏雲任運道歌》（The Spontaneous Song of Clouds of the Adamantine Essence），被視為諸多伏藏所含甚深法教的精要。

龍欽冉江（Longchen Rabjam，1308~1363）寧瑪派最出色的上師和學者，撰寫的書籍超過二五〇本，包含佛經與密續的各種不同法教，尤以大圓滿為主，另外還包含歷史和文學等世俗的課題；其中最重要的著作為《四心滴》（藏snying thig ya bzhi，Four Heart

Essences）、《七寶藏》（藏mdzod bdun，Seven Treasures）和《三自休息論》（藏ngal gso skor gsum，Trilogy of Finding Rest）。

在跟隨偉大的上師學習之後，他徹底且圓滿地通曉所有法教的程度令人不可思議。他曾於極為嚴苛的情況下從事數年的禪修，僅以一只老舊的麻袋當作衣服、床鋪和禪修蒲團，藉此精煉內在的體驗，因而達到最高的證量。

他對藏傳佛教的主要貢獻在於他集結、彙整並編纂了寧瑪派所有的法教和修行法門，特別是以他無與倫比的明晰和才華來闡釋大圓滿的法教。

瑪姬拉準（Machik Lapdron，1055~1153）在藏傳佛教發展史的偉大祖師之中，她應是最著名的女性上師。從最年幼的時期開始，她就對佛法感興趣。她的兩位主要上師帕當巴桑傑（Dampa Sangye）和索南札巴（Sonam Drakpa）都強調要透過修行，把法教的意義內化，而非僅僅透過智識的了解。因此之故，她徹底了證上師所傳授的一切。

終其長壽的一生，她持續傳法。首先，她過著瑜伽女的生活，與一位印度瑜伽士結合，育有五位子女，然後回歸出家生活，最後定居在臧日康瑪（Zangri Kangmar）穴中，一群弟子因而聚集在她身邊。瑪姬拉準發展出一套規模龐大的修行和法教體系，大大影響藏傳佛教所有學派，其中尤以斷境法（施身法）為主，其意思是斬斷對於自我的貪執。她也為該法譜曲，至今仍被藏傳佛教各派沿用。

密勒日巴（Milarepa，1040~1123）最知名的西藏瑜伽士、詩人，譯師馬爾巴的主要弟子，也是噶舉派的始祖。他出生在靠近尼泊爾邊境的西藏西部。七歲時，他的父親過世，家族財產因而受到親戚掌控，他們甚至虐待他、母親和妹妹。母親在絕望之下，把他送去學習邪術以報復這些不公不義。其後他用從巫師那裡學來的技巧害死他的三十五名敵人，接著引發一場冰雹，毀了他們的穀物收成。

然而他很快就對這些行為感到後悔，並對人生感到厭倦，因而開始尋求能助他清淨惡業的佛教上師。不久之後，他成為一位寧瑪派上師的弟子，而這位上師意識到密勒日巴和譯師馬爾巴之間有深刻的業緣，於是送他去見馬爾巴。馬爾巴曾冒著生命危險前往印度，將印度上師那洛巴的法教帶回西藏，並且譯成藏文。那洛巴則是從帝洛巴那裡領受這些法教。

在密勒日巴前來見他之前，馬爾巴憑直覺知道有一位命運非凡的人將會成為他的繼承人。然而，他不動聲色，這是因為他明白密勒日巴過去的惡行，於是決定先考驗他的意志、清淨他的罪行。是故，為了讓密勒日巴做好領受教導和修行法門的準備，馬爾巴讓他經歷六年極為艱困的試煉，才傳授所有的法教，並送他前往山間的僻靜處修行。

密勒日巴在極端貧困的情況下修行多年，只穿一件輕薄的棉布（因此，他的名字意思就是身穿棉布的密勒），只吃野生的蕁麻，直到如他自己所說的：身體變成淡綠色。在畫像中，他常常被描繪成淡綠色的樣子。他後來即身成就，擁有眾多弟子，並以其充滿詩意的道歌聞名。這些道歌經人寫下且印行為《密勒日巴十萬道歌》。在他最著名的弟子之中，岡波巴成為傳承持有者，曾傳法給密勒日巴的惹瓊巴則延續了在家瑜伽士的傳統。

敏林德千局美多傑（Minling Terchen Gyurme Dorje，1646~1714）寧瑪派的偉大上師和取藏師。他創建寧瑪派六大寺之一的敏珠林寺，挽救即將消失的大量法教，包括第一部

《舊譯密續集》（Collection of Ancient Tantras）中的多部舊譯密續，以及另一部極重要伏藏的選集。該選集後來成為蔣貢康楚羅卓泰耶編纂《大寶伏藏》（Collection of Precious Treasures）的基礎。他的著作共有十六函。

他的女兒敏久巴準成就高深，在傳授敏珠林傳承的法教方面扮演重要的角色，而敏珠林乃是寧瑪派中最具影響力的傳承之一。她也是敏珠林傑尊瑪世系的第一人。該世系當前的代表人物為康卓仁波切（Khandro Rinpoche），生於一九六九年。

米龐仁波切（Mipham Rinpoche，1846~1912）或稱為米龐卻列南賈（Mipham Chole Namgyal）、蔣貝給佩多傑（Jampel Gyepe Dorje），來自西藏東部的雜曲卡（Dzachuka）。他從極年幼時就展現非比尋常的才華，六歲即可記憶整本書籍，十歲已然成為知名學者。後來他從事禪修閉關多年，顯示許多了證的徵兆。

米龐仁波切和蔣貢康楚羅卓泰耶、蔣揚欽哲旺波極為親近，在他們的鼓勵之下，撰寫了許多關於寧瑪派哲學和修行的卓越論釋，以及關於佛經、時輪金剛和其他各類主題的書籍。他的學識廣博，為文撰述的主題多元，包括醫藥、繪畫、占星學、文法和詩歌。他的完整著作共達三十函。

默秋巴仁謙聰助（Mokchokpa Rinchen Tsondru，1110~1170）。

龍樹（Nagarjuna，第一、二世紀）印度大乘傳承最重要的學者之一，也被視為印度八十四大成就者之一。他是佛陀最甚深法教的重要闡釋者和倡導者，尤以《般若波羅密多》（Prajnaparamita）為主，另外也撰述醫學和哲學方面的書籍，最重要的著作有《中觀根本慧論》（Root Verses of the Middle Way）和《空性七十論》（Seventy Verses on Emptiness）。

雅旺羅桑嘉措（Ngawang Lobsang Gyatso），參見第五世達賴喇嘛雅旺羅桑嘉措。

年札龍日尼瑪（Nyendrak Lungrig Nyima），第十九世紀。

紐修堪仁波切．蔣揚多傑（Nyoshul Khen Rinpoche，Jamyang Dorje，1932~1999）出生於西藏東部的寧瑪派上師。童年時期就對佛法產生極大的興趣。他跟隨二十五位上師學習，曾禪修閉關多年。從根本上師謝竹滇沛尼瑪（Shedrup Tenpe Nyima）所受的「大圓滿勝妙口訣教導」是他修行和傳法的核心，並將此授予眾多弟子，其中包括與他同時期的多位偉大上師。

他在一九五九年逃離西藏時，險些無法成功，後來在印度尋求庇護，於加爾各答的街道上乞討維生，過著極為艱困的生活。之後他再度開始傳法，對象有時是別的上師，有時是一般大眾，或是應偉大上師之邀而前往其寺院或佛學院，傳授他所持有的特殊教導。他的晚年大多在西方國家度過，尤其是法國。他在那裡的三年閉關中心傳法，或接受其他西方佛教團體的邀請而傳法。

蓮花生大士（Padmasambhava，第八或第九世紀）偉大的印度大師，是首度把佛教，尤其是金剛乘，傳至西藏的關鍵人物。西藏人稱他為「上師珍寶」（Guru Rinpoche）、「珍貴大師」或「第二佛」。他是無數「上師相應法」（guru yoga，在這個法門中，虔敬的修行者把自己的心和上師的智慧心融合為一）和其他密咒修行法門的修持對象。西元第八世紀，他應藏王赤松德贊之請入藏，為佛陀法教在西藏奠定了真正的基礎，並創建西藏第一座佛教寺院桑耶寺。他傳授大量的密續修持和法教，並且在喜瑪拉雅地區封藏了成千上萬的伏藏，讓未來世代取出。直至今日，仍有一些上師取出這類伏藏法門，而取藏師於藏文被稱為德童（terton），被視為蓮師主要弟子的化身。

關於蓮師不可思議的生平記載，有多本傳記或稱為聖哲傳記。他的種種事蹟並不合乎一般歷史的記錄準則，因而常被視為傳說。事實上，蓮師許多具有象徵意義的事蹟比較屬於開展心性的內在旅程，而非外在事件的文字描述。[86]

巴楚仁波切（Patrul Rinpoche，1808~1887）或稱巴珠法王、華智上師，來自西藏東部的知名寧瑪派上師，因不分派的態度、大悲心和極為簡樸的生活方式而聞名。除了在宗薩佛學院研習數年之外，他一生大多的時間都待在洞穴、森林和偏僻的隱居處，且經常穿得像個遊牧村民，隱姓埋名地行旅。他年輕時便已熟記大多數的重要著作，甚至背完了龍欽巴的大作《七寶藏》，因此，毋需借助任何書寫的媒介，就可以用數個月的時間傳授最複雜的課題。在他過世時，唯一的財產是一本《入菩薩行論》和一只托缽。

他在童年時期即展現出本然的仁慈和不可思議的智慧，被認證為包括印度大師寂天在內等多位偉大上師的化身，並被推舉而擔任他前世所屬的寺院之首。不久，他遇見根本上師吉美嘉威紐古（Jigme Gyalwai Nyugu），後者在雜瑪隆（Dzamalung）偏僻山谷的雪線附近獨自閉關多年。於其所在的迎風山坡上，根本沒有遮風避雨的洞穴，因此只能住在地面下陷的坑洞裡，以野生的植物維生。過了一段時間之後，這位了不起的苦行者聲名遠播，數百位弟子蜂擁而至，於上師所在之地紮營。這些佛法修行者的完美典範人物，都是過著簡樸的生活，待在閉關處直到覺醒證悟為止。

除了吉美嘉威紐古之外，巴楚仁波切還得遇當時大多數的偉大上師，並且向他們學習。他的寺院一直是由他前世的姪兒管理照料，因此在姪兒過世之時，他決定用餘生過著無家無產的生活。當他安頓好寺院的事務之後，便展開浪跡天涯的生活。在佐欽寺周圍的崎嶇山間和茂林山谷裡，有一些可以棲身的處所和懸垂岩壁。在人生的第一個時期，他常常待在這類地方，來來回回。他的著作繁多，包括著名的《普賢上師言教》。有時候，他會說服搶匪放棄充滿罪行的人生，或說服獵人不要殺害動物。

當他傳法時，所有聞法者都能因而轉化。他們感受到本然的平靜，能夠自然而然地靜坐，彷如進入禪定那般。他用大眾能了解的語言來表達，給予聽聞者可立即應用於個人體驗的忠告。他廣博的學識、溫暖的加持和高深的證量，使他的法教具有獨一無二的特質。所有曾和巴楚仁波切相處的人都說，他只談論佛法。他會教導或描述過去偉大上師的故事，但

---

86 參見伊喜措嘉的著作《蓮師傳：蓮花生大士的生平故事》（The Lotus-Born: The Life Story of Padmasambhava）。

從來沒有人聽他講過閒話。他極少言語，一旦開口，內容都十分直白，任何希望從他那裡聽到奉承阿諛的人都會失望。乍見他的風采會令人生畏，只有那些真正希求他指引修行的人，才敢親近他。然而，所有曾和他相處的人，都極不願意離開他。

侍者索南慈仁（Sonam Tsering）描述巴楚仁波切生命的最後幾小時：「當太陽開始照耀時，他脫掉衣服，坐直，雙腿呈金剛跏趺坐，雙手放在膝蓋上。幾個片刻之後，他直視前方，雙手彈指之後，結為平等捨印，進入本初清淨的廣大內在明光，也就是死亡的圓滿昇華之中。」

貝瑪林巴（Pema Lingpa，1450~1520）被視為龍欽冉江的化身，不丹史上最具影響力的大師之一。他在不丹的三十多年間，創建許多的寺院和僧團，取出所獲授記的伏藏並加以傳授。

有些與他同時期的人懷疑他身為取藏師的真實性，甚至有人認為他是個江湖騙子。一日，謠傳他即將從一片由河流形成的深潭中取出伏藏。當地首長懷疑那是個騙局，於是派遣一群人前往見證，並表示：「如果你真的取出伏藏，我就會給你獎賞，否則我將因你在我的行政區行騙而懲罰你。」貝瑪林巴回答，他會帶著一把火炬跳入水中；如果他真的是蓮師伏藏的取藏師，便會持著依舊燃燒的火炬浮出水面，否則將會溺斃。於是他點燃火炬，跳入水中。隨著時間過去，群眾開始哀悼大師的逝去。行政首長也為自己引發這場悲劇而感到羞愧。但是最後貝瑪林巴浮出水面，一手舉著依舊燃燒的火炬，一手拿著一尊佛像和一只小盒子。從此再也沒有人懷疑貝瑪林巴。那個取藏地點被命名為「梅巴措」

（Mebartso，燃燒火炬之湖），至今仍然是朝聖地點。他的弟子無數，聲名遠播至不丹之外的整個西藏。

帕摩竹巴・多傑嘉波（Phagmo Drupa，Dorje Gyalpo，1110~1170）。

羅睺賢（Rahulabhadra），第六世紀。

讓日列巴・貢噶羅卓（Rangrig Repa，Kunga Lodro，1403~1478）寧瑪派的大師和取藏師，出生於西藏南部的洛札，是蓮師二十五大弟子之一朗卓譯師（Langdro Lotsawa）的轉世。讓日列巴是個天才兒童，學習讀寫毫不費力，十歲開始就擁有無數淨相。二十七歲時，在某次淨相中，蓮師以身穿黃絲衣的瑜伽士的模樣出現在他面前，顯示白、紅、藍三個卷軸，並要求讓日列巴選擇其中一個。由於讓日列巴回答說他全都想要，因而帶來了吉祥因緣，使他得以領受三個卷軸，並在同一生世裡取出原本要在三個連續生世取出的三部伏藏。據說當他傳法或修行時，周圍會出現不可思議的徵兆。他集結了四十二函寧瑪派的密續。儘管該著作已然佚失，但它曾是後代多次彙編密續的重要基礎。他的修行傳承由其子女，以及諸如第六世噶瑪巴等同時期的偉大上師所延續。

仁津卻吉札巴（Rigdzin Chokyi Trakpa，1595~1659）。

仁千彭措（Rinchen Phuntsko，1509~1602）。

仁津吉美林巴（Rigzin Jigme Lingpa），參見**吉美林巴**（Jigme Lingpa）。

薩迦班智達（Sakya Pandita，1182~1251）被視為文殊菩薩的化現，藏傳佛教最偉大的學者之一。他研讀當時所有的修行戒律和世俗知識，包括藝術、醫藥、梵文和其他語言。在把文法、邏輯、醫藥、占星學等傳統印度科學注入西藏傳統這方面，這位薩迦派極為優秀的譯者和梵文學家扮演了關鍵的角色。他的梵文譯作豐富，也是一百多本原著的作者，其中包括《三律儀論》，是針對三種誓戒所做的重要闡釋。該書對西藏文學造成了極大影響，從而衍生了眾多論釋。

由於聲譽之廣傳和修行之威信，使他受到當時蒙古皇帝（成吉思汗之孫）闊端可汗（Godan Khan）的邀請，並暗示如果他拒絕邀請，西藏可能會面臨蒙古入侵的威脅。於是他成為蒙古皇帝的國師，並使自己免於罹患一種無可治癒的疾病。在此同時，他也讓西藏免受蹂躪，還把法教傳至蒙古和中國。

桑傑溫惹達瑪森給（Sangye Won Re Dharma Senge，1177~1237）。

第七世達賴喇嘛格桑嘉措（The Seventh Dalai Lama, Kelsang Gyatso，1708~1757）偉大的學者、詩人和禪修者，他過著簡樸的生活，贏得當代的人心。他的前世第六世達賴喇嘛倉央嘉措（Tsangyang Gyatso）在一首著名的授記詩中指出了他的出生地：

白鶴，可愛的鳥兒，
把你的雙翼借給我！
我不會走遠：
經由里塘（Lithang）的道路，
我將於一日返回。

由於蒙古人和滿洲人之間的衝突，他的政治權力受到剝奪，於是他全力投入修行，撰寫關於密續的論釋。當他返回拉薩時，建立了「嘎夏」（Kashag），即是今日的內閣。

夏嘎措珠讓卓（Shabkar Tsigdruk Rangdröl，1781~1851）或稱夏嘎巴，來自西藏東部，是流浪的瑜伽士和詩人。這位偉大的寧瑪派上師讓我們想起密勒日巴。他之所以被認為是密勒日巴的化身，乃是因為他出身遊牧家庭且未曾受過教育，卻能用優美勝妙、充滿詩意的道歌來傳法；這些道歌絕非來自智識學問，而完全源自不可思議且真實的內在體驗。他以謙遜和無限悲心而聞名。在西藏和尼泊爾，不論置身何處，他會購買家畜來放生，並說服人們不要殺害或獵捕動物。他在拉薩著名的釋迦牟尼佛十二歲等身像前面立誓不再吃肉；這在西藏人當中相當稀有罕見。有許多次，他平息所屬地區部族之間的血腥爭端。此外，他不斷遷徙，尋找棲身的洞穴，尤其是那些在覆雪山坡上、密勒日巴曾禪修過的洞穴。他除了在青海湖（Lake Kokonor）的小島上閉關數年之外，從不在同一處久留。他擁有無數弟子，且常用密勒日巴吟唱詩歌的方式來向弟子開示。他傳法的風格極為清晰深奧，完整的著作共十四函。

釋迦牟尼佛（Shakyamuni Buddha，西元前第五世紀）史上記載的佛陀，人們並非視其為神或聖人來膜拜，而是視其為究竟的聖哲、覺醒證悟的展現、勝義諦的了證。他的生平眾所週知，以下簡述概要。

釋迦牟尼出身王族，為釋迦小國太子，名悉達多。該國首都迦毘羅衛城（Kapilavatsu）位於當今印度和尼泊爾邊界。阿私陀（Asita）仙人曾預言，悉達多王子將會成為偉大的覺者。年輕時，他過著充滿歡樂的生活，結婚並育有一子羅睺羅（Rahula）。二十九歲那年，他看見一位病者、一位老者、一具死屍和一名苦行者，因而清楚覺察到一切眾生所需經歷的實際痛苦。於是他放棄王位，成為流浪的托鉢僧，追尋心靈的探索。

他師事當時兩位著名的大師，但他們的教法無法令他滿足。他從事極端的苦行六年，後來發現肉體的禁慾苦行不能帶來內在的自由解脫。悉達多因而放棄禁慾苦行，坐在後來著名的菩提樹下（位於今日印度比哈爾省Bihar的菩提迦耶Bodh Gaya），立誓若未達到正等正覺，絕不離開法座。在降伏無明、我執之魔攻後的黎明，時年三十五的悉達多獲致正等正覺而成為佛陀（覺醒者）。

其後，他在鹿野苑（Sarnath）初轉法輪，講授苦、集、滅、道等四聖諦。一群離家修行的弟子聚集在他身邊，然後人數遽增。從此，佛陀持續不斷地傳法，對象包括在家的居士和放棄一切而來追隨他的弟子。佛陀於八十一歲時，給予一切無常的最後開示，然後滅入超越痛苦的涅槃。他的法教集結被翻譯成藏文的《甘珠爾》，共三〇三函。

寂天（Shantideva，685~763）印度八十四大成就者之一。出身印度西部的皇室，他放棄繼承父親的頭銜，於那爛陀佛學院領受出家戒，成為一名隱匿的學者：白天睡覺，晚上工作，秘密撰寫兩本論著《學處集要》（Compendium of Instructions）和《經處集要》（Compendium of Sutras）。同修們認為他只是個不學無術的蠢蛋而感到不恥，並且為了奚落他，把他逐出佛學院，而要他坐在一個高得荒謬的法座上公開論說。然而，他的開示震驚所有聽眾，開示的內容即是《入菩薩行論》。這本著作從此聞名，並成為他最主要的著作，也是西藏最多人研修和評論的著作。

據說，寂天後來捨戒，離開那爛陀佛學院，過著流浪瑜伽士的生活，並和外道的非佛教徒大師進行辯論，用包括神通在內的各種方式來幫助眾生。

雪謙嘉察貝瑪南賈（Shechen Gyaltsap Pema Namgyal，1871~1926）寧瑪派的偉大學者和上師，屬於西藏東部倡導不分派運動者的第二代。這個運動的創始者蔣揚欽哲旺波、蔣貢康楚、米龐仁波切都是他的上師。他被認證為雪謙寺嘉察（或稱攝政）的第三任轉世，並在年幼時期陞座。

他投入二十多年的時間密集地研習和修持證悟道的所有面向。當他成就修行之果的時候，就如藏文的用語那般：「他的智慧寶藏源源不絕」，此外，由於他的法教具有非比尋常的特質，他因而成為西藏東部最偉大上師們的上師，其中包括宗薩欽哲卻吉羅卓、第六世雪謙冉江和頂果欽哲仁波切。

他在雪謙寺上方的貝瑪歐色林（Pema Osel Ling）隱居，度過人生大部分的時光。在那裡，他針對佛教哲學和修行的各種面向，撰寫清晰且甚深的論釋。他完整的著作總共十三函，是西藏文學最豐富多樣的集結之一，其中包括他對佛教哲學和修行各種面向所做清晰且深奧的論釋。

多羅那他（Taranatha，1575~1634 / 35）藏傳佛教覺囊派（Jonanpa）的大師，據稱該派目前已然失傳，而他被認為是當時最偉大的學者、歷史學家和修行者。據說，他一歲時曾經大喊：「我是貢噶卓卻（Kunga Drolchog）的轉世！」四歲時，他正式被認證為貢噶卓卻的化身，進入前一世所主持的寺院，並從西藏本地的上師和印度入藏的上師與學者那裡領受眾多法教。

他是個豐富多產的作家，針對各種不同的主題撰寫了二十多本著作，內容包括醫藥、占星學、禪修、密續、哲學、歷史和梵文。此外，他努力重振覺囊的傳承，是該派最偉大、也是最後一位闡釋者和倡導者，曾為了捍衛覺囊派的空性哲學觀點而辯護；同時也是偉大的譯師，其中包括把佛陀的法教翻譯為藏文的《甘珠爾》。他用生命的最後二十年和喀爾喀蒙古人（Khalkha Mongols）相處，傳播佛陀的法教。

滇尼林巴．貝瑪策旺嘉波（Tennyi Lingpa，Pema Tsewang Gyalpo，1480~1535）。

丹增嘉措（Tenzin Gyatso），參見第十四世達賴喇嘛丹增嘉措。

札巴嘉稱（Trakpa Gyaltsen，1147~1216）薩迦派博學多聞且具有成就的大師。早年即顯露出極為成熟的徵兆，行為舉止一點都不像其他的孩子，也不會執著於食物和其他一般的歡樂。才剛學會走路時，就已經喜歡待在安靜的地方讀書。八歲那年，他領受沙彌戒；十二歲那年，出乎預期地在大眾面前評述《喜金剛密續》。從十三歲開始一直到過世，他都負責薩迦寺金剛乘的傳法教授。

他持續向不同的上師請法，用非比尋常的精進來修行，每晚只睡幾小時。那些認識他的人都說，他從來不會閒著，總是忙於研讀、修行或傳法。他擁有大量的著作，寫作的風格簡單、高雅、易懂，涵蓋的主題多元，包括密續、禪修法門、歷史、占星學和醫藥。他也是才華洋溢的傳統藝術家，能夠製作曼達、佛像和佛塔。對於世俗的物品從不執著，常把財物布施他人。雖然弟子贈予許多禮物，但他過世時，蒲團和僧袍是他唯一的財產。

詠給明就仁波切（Yongey Mingyur Rinpoche，1975~）屬於被認證為往昔西藏上師化身、卻因中共佔領西藏而在境外領受一切訓練的祖古（tulkus，轉世靈童）世代。他出生於尼泊爾，是祖古烏金仁波切（Tulku Urgyen Rinpoche）的第六個兒子。他的父親是偉大的禪修者，一生大部分時間都在隱居所度過。三歲那年，他被認證為取藏師詠給明就多傑（Yongey Mingyur Dorje）和甘珠爾仁波切的化身。

他從幼年時期就受到禪修生活的吸引；十三歲那年，自己提出要相繼從事兩次為期三年的閉關。之後，他因為能用幽默、簡單、直接的方法傳達最精微、最難懂的佛教概念，而成為所屬世代最受歡迎的上師之一。他應邀到世界各地傳法，並且出版兩本書籍（《世界上最快樂的人》以及《你是幸運的》），為讀者提供一些忠告，其中的第一本也是他自己生活和經驗的編年史。近來他效法密勒日巴和紐殊堪仁波切而銷聲匿跡，隱姓埋名地過著流浪瑜伽士的生活。他什麼也沒帶，卻為眾多弟子留下了詳細的忠告。

他對現代科學特別有興趣，尤其是神經科學方面的研究。為了表達他對這方面研究的支持，他在二〇〇二年參與由安東尼盧孜（Antonie Lutz）等頂尖研究人員進行的實驗。這項研究的目標在於判斷禪修對腦部功能的效益。當世界知名的神經科學家李察戴維森（Richard Davidson）看見明就仁波切和許多其他經驗豐富之禪修者的實驗結果，他驚歎道：「我們從未料到會有如此驚人的成果！」

校閱者之致謝與迴向

本書校閱期間，承蒙多位法友協助，謹在此深深致謝：名相釋疑及註解之藏文中譯：不願具名的藏文中譯者。內文潤飾：鮑雅琳、歐曉榕；編排：張彥婷、陳鳳賢、覃道明。附錄書目翻譯：宋伯瑜（藏文）、蔡宜葳（英文）。附錄書目打字：林彣蓤、黃仲婷；校對：周芙縈、諸谷蕙。

對於自己因俗務纏身而拖欠校稿長達一年，在此深深致歉，並感恩雪謙冉江仁波切、頂果揚希仁波切、臺灣雪謙中心烏金堪布和張滇恩師姐、譯者項慧齡的寬容與諒解，以及「普賢法譯小組」所有夥伴的支持與鼓勵，讓我得以專心照顧遭逢病痛的家人，並且如今喜見他們的康復。

上師的恩慈、三寶與三根本的加持，是我們在面對變故時唯一的心靈支柱。這次的經歷讓我更加相信：生命中的試煉總會出現，而依靠信心和祈願，也總會度過。若因迷妄之故未能完善校閱，一切文責自負；若有任何善德無論如何微小，於此盡皆迴向：

具德上師長壽康健常轉法輪，慈母有情識得自性速證佛果！

無明眾生Serena Yang

書于二〇一六年八月十三日

藏曆火猴年六月初十蓮師本命年誕辰日

重建尼泊爾雪謙寺——延續愛與慈悲

2015年的大地震，震毀了尼泊爾多處家園，位於首都加德滿都雪謙寺的500多名僧侶在 揚希仁波切及給色祖古的帶領下，義不容辭的全力動員，投入救災救護工作，日以繼夜地撫慰災民的心靈。

於此同時，尼泊爾雪謙寺也受到了強震的摧殘，多處損毀、牆壁地板龜裂、樑柱結構損傷，專家們評估後，已將雪謙寺大殿及部份樓房列為『危險級建築』，未來將需龐大的整修及重建工程。

尼泊爾雪謙寺是1980年在頂果欽哲法王監督下，投入最大心血所打造的寺院，每一個細節、每一處角落、每一塊磚瓦、每一幅壁畫，都充滿了法王為延續佛法精神所注入的愛與慈悲。在如此艱困的時期裡，我們非常需要您能伸出援手，衷心期盼您的涓滴成河，得以讓尼泊爾雪謙寺的重建工程能順利進行，讓它恢復往昔的光采輝煌，繼續成為人們心靈庇護與佛法教育的重要殿堂。

寺廟與佛塔能為地方眾生帶來安樂、吉祥的環境，降服一切負面力量，行供養協助廟宇的重建，將為自己與他人帶來無限利益。

【護持方式】

戶名：高雄市顯密寧瑪巴雪謙佛學會
郵政劃撥帳號：42229736（劃撥者請註明「賑災」及地址電話）
郵局帳號：00411100538261　ATM轉帳郵局代碼700
銀行轉帳：兆豐銀行017（三民分行）
銀行帳號：040-09-02002-1
劃撥者請註明贊助項目及地址電話，轉帳或匯款請用e-mail或傳真告知後5碼及姓名地址，方便郵寄可報稅收據。

雪謙寺介紹

康區雪謙寺

東藏康區的雪謙寺，是寧瑪派六大主寺之一，1695年由冉江天佩嘉增建立。成立至今培養出許多偉大的上師，包括：雪謙嘉察、雪謙康楚、米滂仁波切、頂果欽哲仁波切、秋揚創巴仁波切，以及其他許多二十世紀重要的上師，都曾在此領受法教或駐錫在此。雪謙寺一直以來以其諸多上師和隱士們的心靈成就、佛學院的教學品質、正統的宗教藝術（儀式、唱誦、音樂和舞蹈）等聞名於世。

不幸的是，1957年雪謙寺及其110座分寺被夷為平地。1985年，頂果欽哲仁波切在流亡25年後回到西藏，於原址重建寺院，如今雪謙寺已重建起來，同時也恢復了部分的寺院活動，此外，也重建了佛學院。

尼泊爾雪謙寺、佛學院和閉關中心

尼泊爾雪謙寺是頂果欽哲法王離開西藏後，在尼泊爾波達納斯大佛塔旁所興建的分寺，以期延續西藏雪謙寺祖寺的佛教哲學、實修和藝術的傳統。尼泊爾雪謙寺的現任住持

是第七世　雪謙冉江仁波切，冉江仁波切是頂果欽哲法王的孫子，也是心靈上的傳人，法王圓寂後，接下寺院及僧尼教育的所有重擔及責任，目前有５００多名僧侶居住在此，並在此學習佛教哲學、音樂、舞蹈和繪畫等多方面課程。

仁波切也在此建立雪謙佛學院和雪謙閉關中心（南摩布達旁僻靜處），來擴展寺院的佛行事業。此外，為了延續唐卡繪畫的傳統，也建立了慈仁藝術學院，提供僧眾及海外弟子學習唐卡繪畫，延續珍貴的傳統藝術。

冉江仁波切在僧團內創立了一個完善的行政體系和組織，成為佛法教育、寺院紀律、佛行事業、正統修法儀式和實修佛法的典範。

印度菩提迦耶的雪謙寺和佛學中心

１９９６年　冉江仁波切承續　頂果欽哲仁波切志業，在菩提迦耶建立了菩提迦耶雪謙寺。寺廟距離正覺佛塔只有幾分鐘的步行路程。除了寺院主殿外，還有設置僧房、客房、圖書室、國際佛學研究中心及佛塔等。此外，也成立了流動診所和藏醫診所，服務當地的居民。

承襲頂果欽哲法王志業，冉江仁波切也在印度八大聖地興建佛塔，除了菩提迦耶的國際佛學中心外，在舍衛國等幾處聖地亦設有佛學中心。雪謙佛學研究中心定期提供深度研習佛教哲學和實修的課程，開放給來自世界各地的學生。另外，也陸續邀請寧瑪派及其他傳承的上師前來闡釋佛教經典，並且給予口傳。

不丹雪謙比丘尼寺

除了僧眾教育外，雪謙傳承也著力在復興比丘尼的佛學教育，頂果法王離開西藏後，在不丹雪謙烏金卻宗設立1座比丘尼寺，並在此傳授了許多重要的法教。目前，比丘尼寺內有100多名比丘尼，由2位雪謙佛學院的堪布在此教授讀寫、禪修等密集課程，完成基礎課程後，也同男僧般給予尼師們9年的佛學院課程。目前寺院內已有尼師們圓滿9年的佛學院課程，並且有2批尼師們圓滿了3年3個月的閉關實修課程。這些虔心向法的女性人數日益增加，冉江仁波切也規劃在此設立1處尼眾的閉關中心。

雪謙傳承上師介紹

頂果欽哲仁波切

頂果欽哲仁波切是在西藏完成教育和訓練、碩果僅存的幾個有成就的上師之一，被公認為最偉大的大圓滿上師之一，也是許多重要喇嘛的上師，包括達賴喇嘛尊者、秋揚創巴仁波以及其他來自西藏佛教四大宗派的上師。頂果欽哲仁波切在不同領域都有所成就，而對一般人而言，這每一種成就似乎都要投入一輩子的時間才可能達成。仁波切曾經花了二十年的時間從事閉關，撰寫二十五卷以上的佛教哲理和實修法門，出版並保存了無數的佛教經典，以及發起無數的計畫來延續和傳播佛教思想、傳統和文化。然而，他認為最重要的一件事是，他自身所了悟和傳授的法教，能夠被其他人付諸實修。頂果欽哲仁波切深深觸動了東西方的弟子的心靈；他生生不息的法教和慈悲行止，正透過仁波切海內外的弟子努力延續下去。

頂果欽哲揚希仁波切

頂果欽哲揚希仁波切是頂果欽哲仁波切的轉世，1993年6月30日出生於尼泊爾。

由頂果欽哲仁波切最資深、最具證量的弟子楚西仁波切尋找認證。在尋找的過程中，楚西仁波切擁有許多夢境和淨見，清楚地指出轉世靈童的身分。揚希仁波切的父親是錫給丘林仁波切明久德瓦多傑，第三世秋吉德謙林巴的化身，祖古烏金仁波切的子嗣；母親是德謙帕燈；仁波切出生　於藏曆雞年五月十日蓮師誕辰的那一天，並由尊貴的達賴喇嘛尊者証實是「札西帕久（頂果欽哲仁波切的名諱之一）正確無誤的轉世」。

１９９５年12月，楚西仁波切在尼泊爾的瑪拉蒂卡聖穴為欽哲揚希仁波切舉行典禮，賜名為烏金天津吉美朗竹。１９９６年12月在尼泊爾雪謙寺，正式為欽哲揚希仁波切舉行座床大典，有數千位從世界各地前來的弟子參加典禮者。

目前欽哲揚希仁波切已完成相關佛學及實修課程，並從前世弟子，如：楚西仁波切、揚唐仁波切等具德上師處領受過去傳授給這些弟子的法教、灌頂及口傳，並於２０１０年向全世界正式開展其佛行事業。２０１３年起，因冉江仁波切開始進行3年閉關，年輕的欽哲揚希仁波切也肩負起雪謙傳承相關佛行事業的重責大任，領導所有的僧團並授予法教。

雪謙冉江仁波切

雪謙冉江仁波切出生於１９６６年，是頂果欽哲仁波切的孫子和法嗣，由頂果欽哲仁波切一手帶大。從3歲起，冉江仁波切開始領受祖父頂果欽哲仁波切所傳的法教，直至今日，仁波切是這個從未間斷的傳承的持明者。冉江仁波切幾乎參與頂果欽哲仁波切在二十五年間所主持的每一個傳法開示、竹千大法會和灌頂。並隨同頂果欽哲仁波切遊歷世界各地。

自從祖父頂果欽哲仁波切圓寂之後，冉江仁波切擔負起傳佈頂果欽哲仁波切法教的重責大任。包括承接了康區雪謙寺祖寺、尼泊爾雪謙寺、印度菩提迦耶雪謙寺、雪謙佛學院、雪謙閉關中心、八大聖地佛學中心及不丹比丘尼寺等龐大的僧團及佛學教育體系。另外，也在世界各地設置雪謙佛學中心，以弘揚雪謙傳承的教法，包括：法國、英國、墨西哥、香港、台灣等地，皆有由仁波切直接指派堪布在各地雪謙佛學中心給予海外弟子授課及傳法。

除了在尼泊爾、不丹及海外的佛學教育及文化保存工作，冉江仁波切也透過頂果欽哲基金會，回到藏地從事人道關懷及公益工作。2001年以來頂果欽哲基金會在西藏各個地區〈康區、安多和西藏中部〉發起並監督多種人道計畫。內容包括：偏遠藏區的基礎建設（如：橋樑等）、醫療、學校及佛學院的興建、資助比丘尼、老人、孤兒及學生的援助等人道關懷。由於冉江仁波切的慈悲及努力不懈，也實現了頂果欽哲仁波切保存延續西藏佛教法教和文化的願景。

台灣雪謙寺的法脈傳承　歡迎您的加入與支持

雪謙法脈在台灣的佛學教育主要由堪布負責，堪布即為佛學博士，須在　雪謙冉江仁波切座下接受嚴格指導和正統佛學教育，並完成研習佛教經典、歷史以及辯經的九年佛學課程，對顯教密咒乘的典籍，都有妥善的聽聞學習完畢，其法教傳承實為珍貴難得。

目前尊貴的　雪謙冉江仁波切分別指派堪布　烏金徹林及堪布　耶謝沃竹來擔任高雄及台北佛學中心之常駐，負責中心的發展。

二處佛學中心所要傳遞給世人的是源自諸佛菩薩、蓮花生大士乃至頂果欽哲仁波切以來，極為清淨之雪謙傳承教法，而本教法的精神所在，也在教導世人如何學習並俱足真正的慈悲與智慧。秉持著這樣殊勝的傳承精神，佛學中心在二位堪布的帶領下，以多元的方式來傳遞佛陀的教法，期盼由此可以讓諸佛菩薩無盡的慈悲與智慧深植人心，帶領一切有情眾生脫離輪迴苦海。

台灣雪謙佛學中心是所有對　頂果欽哲法王及　雪謙冉江仁波切有信心的法友們的家，對於初次接觸藏傳佛教的信眾，不論任何教派，也非常樂意提供諮詢建議，期許所有入門者皆可建立起正知見及正確的修行次第。二位常駐堪布規劃一系列佛法教育及實修課程，由此進一步開展雪謙傳承教法予台灣的信眾們，讓所有人都有機會親近及學習頂果法王的教法。

目前台北及高雄固定的共修活動有：前行法教授、文殊修法、綠度母共修、蓮師薈供、空行母薈供、…………，也不定期舉辦煙供、火供、除障、超度…等法會。

我們竭誠歡迎佛弟子們隨時回來禮佛並參與共修及各項活動。

【頂果欽哲法王文選】 頂果欽哲法王 Dilgo Khyentse Rinpoche 著

修行百頌
項慧齡 譯
定價：260 元

《修行百頌》是十一世紀的偉大學者帕當巴．桑傑的心靈證言，由頂果欽哲法王加以論釋，意義深奧又簡明易懂。

你可以更慈悲
項慧齡 譯
定價：350 元

本書是法王頂果．欽哲仁波切針對藏傳佛教最受尊崇的法典「菩薩三十七種修行之道」所做的論釋。

證悟者的心要寶藏(唵嘛呢唄美吽)
劉婉俐 譯
定價：280 元

在本書中以特別易懂、易修的方式，陳述了完整的學佛之道：從最基礎的發心開始，臻至超越了心智概念所及對究竟真理的直接體悟。

覺醒的勇氣
賴聲川 譯
定價：220 元

本書是頂果欽哲法王針對「修心七要」所做的論著。「修心七要」是西藏佛教所有修持法門的核心。

如意寶
丁乃竺 譯
定價：260 元

依著第十八世紀聖者持明吉美林巴所撰述的上師相應法之修持教義，頂果欽哲法王在本書中，著重於傳授上師相應法的虔誠心修行，也就是與上師的覺醒心合而為一。

醒心
張昆晟 譯
定價：250 元

本書分三大部分：第一部分主題：是前譯寧瑪的巨擘「文殊怙主 米滂仁波切」寫在《釋尊廣傳．白蓮花》裡的修法，講述透過釋尊身相而修習止觀的瑜伽法門。第二部分：是具體觀想、祈禱釋尊的方法──<釋尊儀軌．加持寶庫>，第三部分：則是流通甚廣的兩則<釋尊讚>。

明月：頂果欽哲法王自傳與訪談錄
劉婉俐 譯
定價：650 元

本書分為兩大部分：第一篇是頂果．欽哲仁波切親自撰寫的自傳，第二篇為仁波切的主要弟子的訪談記事。是深入了解頂果法王生平、修學過程與偉大佛行事業的重要文獻與第一手資料，值得大家珍藏、典閱與研學。

明示甚深道：《自生蓮花心髓》前行釋論
劉婉俐 譯
定價：300 元

本書是頂果欽哲仁波切主要的心意伏藏之一，從前行法直到最高階修法的大圓滿，此書是前行的珍貴講解。

【雪謙精選大師系列】

遇見．巴楚仁波切
巴楚仁波切 Patrul Rinpoche 著
定價：200 元

本書以一位年輕人和一位老人之間的對話形式來撰寫。充滿智慧的老者讓年輕人狂野的心平靜下來，並帶領著年輕人進入道德倫常的優美境界之中。

大藥：戰勝視一切為真的處方
雪謙．冉江仁波切
Shechen Rabjam Rinpoche 著
定價：250 元

本書探索菩提心的根基、慈悲的內在運作、空性的見地，以及實際將這些了解應用於修道的方法。

西藏精神—頂果欽哲法王傳 (精裝版)
馬修．李卡德 著 賴聲川 編譯
定價：650 元

頂果欽哲法王是一位眾所周知的大成就者，與其接觸者無不為其慈悲和智慧所攝受，隨著法王的心進去了佛心。

西藏精神—頂果欽哲法王傳（DVD）
定價：380 元

第一單元由賴聲川 中文口述
第二單元由李察基爾 英文口述

揚希—轉世只是開始（DVD）
定價：500 元

甫一出生，我就繼承欽哲仁波切的法炬；
現在，該是我延續傳燈的時候了。

明月：瞥見頂果．欽哲仁波切（DVD）
定價：380 元

導演 涅瓊．秋寧仁波切

祈請：頂果欽法王祈請文（CD）
定價：300 元

此為 頂果欽哲法王祈請文，
由寧瑪巴雪謙傳承上師一 雪謙冉江仁波切 唱頌

憶念：頂果仁波切（CD）
定價：300 元

在 2010 年 頂果欽哲法王百歲冥誕， 雪謙冉江仁波切為憶念法王，所填寫的詞，由阿尼雀韻卓瑪等唱頌，在這虔誠的歌曲聲中，再再融入法王遍在的慈悲和智慧。（內附音譯、中藏文歌詞）

國家圖書館出版品預行編目（CIP）資料

邁向證悟：藏密大師的心要建言 / 馬修．李卡德 (Matthieu Ricard)作；項慧齡譯. -- 初版. -- 高雄市：雪謙文化, 2017.03
面；　公分. -- (精選大師系列；3)
譯自：On the path to enlightenment : heart advice from the great Tibetan masters
ISBN 978-986-90066-2-0(平裝)

1.藏傳佛教 2.佛教修持

226.965　106004449

精選大師系列03

邁向證悟-藏密大師的心要建言

（On the path to Enlightenment: Heart Advice from the Great Tibetan Master）

作　　者：馬修・李卡德（Matthieu Ricard）
顧　　問：堪布烏金・徹林（Khenpo Ugyen Tsering）
譯　　者：項慧齡
審　　定：楊書婷
編　　輯：項慧齡
美術編輯：林恒如
封面設計：張家銘
發 行 人：張濱恩　葉勇瀅
出　　版：雪謙文化出版社
戶　　名：雪謙文化出版社
銀行帳號：兆豐國際商業銀行 三民分行（代碼017）040-090-20458
劃撥帳號：42305969
手　　機：0963-912-316　傳真：02-2917-6058
http:// www.shechen.org.tw　e-mail：shechen.ks@msa.hinet.net

台灣雪謙佛學中心
高雄中心：高雄三民區中華二路363號9F-3
電話：07-313-2823傳真：07-313-2830
台北中心：台北市龍江路352號4樓
電話：02-2516-0882傳真：02-2516-0892
行銷代理：紅螞蟻圖書有限公司
地址：台北市內湖區舊宗路2段121巷28、32號4樓
電話：02-2795-3656　傳真：02-2795-4100
印刷製版：中原造像股份有限公司
出版日期：西元2017年7月初版
ISBN：ISBN 978-986-90066-2-0（平裝）
定價：新臺幣450元